DER NATIONAL GEOGRAPHIC WALKER

OSLO

Willkommen in Oslo!
Die Übersichtskarte zeigt die Lage der sechs großen Stadtbezirke Oslos. Praktische Tipps und Hinweise auf Feste und Ereignisse im Jahresrhythmus bieten zusätzliche Hilfe bei der Reiseplanung.

Die Stadtteile im Überblick

A Zentrum Ost
B Zentrum West
C Frogner / Bygdøy
D Majorstuen / Bislett / Blindern
E Grünerløkka / St. Hanshaugen
F Grønland / Tøyen / Gamlebyen

Jedes Kapitel bietet Adressen von Restaurants – geordnet nach Preiskategorien –, Cafés, Bars und Läden sowie eine Auswahl an Sehenswürdigkeiten mit Stern (★), die Sie auf der Stadtteilkarte leicht wiederfinden.

Verkehrsmittel und Hotels in Oslo
Nützliche Informationen zu öffentlichen Verkehrsmitteln sowie eine Auswahl an Hotels, geordnet nach Preiskategorien, ergänzen den Verkehrsnetzplan.

Register
Das Register verzeichnet alle im Führer genannten Straßennamen.

Willkommen in Oslo!

A Zentrum Ost
B Zentrum West
C Frogner / Bygdøy

D Majorstuen / Bislett / Blindern
E Grünerløkka / St. Hanshaugen
F Grønland / Tøyen / Gamlebyen

SOGN
KAJ MUNKS VEI
ROLF WICKSTRØMS VEI
GREFSEN
NYDALEN
STOROVN.
TRONDHEIMSVEIEN
D
ULLEVÅL
SAGENE
DAG HAMMARSKJÖLDS VEI
KIRKEVEIEN
GRIFFENFELDS G.
MARCUS THR. G.
TORSHOV
ØKERN
MICHELSENS GATE
MAILUNDVEIEN
TRONDHEIMSVEIEN
AKERSELVA
MØLLA OG
FABRIKKMILJØET
HJALMAR BRANTINGS VEI
ST. HANS-
HAUGEN
BISLETT
STADION
SOFIENBERG-
PARKEN
SARS GATE
EINNMARKSGA
VÅR FRELSERS
GRAVLUND
GRÜNER-
LØKKA
ZOOLOGISK
GEOLOGISK
MUSEUM
E
HENRIK. IBSENS G.
VAHLS G.
BOTANISK
HAGE
NATIONAL-
THEATRET
TØYEN
KJØLBERGGATA
STRØMSVEIEN
OSLO
DOMKIRKE
MOSKEEN
NYLANDSVEIEN
BISPEGATA
B
FORSVARS-
MUSEET
A
GAMLEBYEN
EKEBERGSLETTA
OG JERNALDERSTIEN
F
EKEBERG
MOSSEVEIEN
EKEBERGSLETTA
HOVEDØYA
0
450
900 m
1/ 45 000 - 1 cm = 450 m

ASTRUP FEARNLEY
MUSEET FOR MODERNE KUNST

MUSEET FOR SAMTIDSKUNST

★ **Akershus Schloss und Festung** (**A** A5)
Tel. 23 09 39 17, Festung: tägl. 6–21 Uhr; Innenbereich: Mo–Fr 9–17, Sa und So 11–17 Uhr (schließt 19. Aug.–16. Juni eine Std. früher). Führungen 10, 12, 14 und 16 Uhr
Oslos Festung, 1299 von Håkon V. begonnen und ab 1592 zur Kanonenbastion umgebaut, wurde noch bis 1818 militärisch genutzt. Nur einmal wurde die Festung eingenommen, nämlich 1940. Christian IV. ließ die alte Burg 1637–48 zum Renaissanceschloss umbauen. Im Mausoleum der Schlosskirche ruhen die Könige Haakon VII. und Olav V.

★ **Norges hjemmefront-museum** (**A** A5)
→ Akershus festning, Tel. 23 09 31 38, tägl. 10–16 (So 11–16) Uhr, 15. Juni–Aug. bis 17 (Di und Do bis 18) Uhr. Okt–14. April: Mo–Fr 10–15, Sa und So 11–16 Uhr
40 Widerstandskämpfer wurden während des Krieges in der Festung hingerichtet. Das Widerstandsmuseum stellt Objekte, Bilder und Dokumente aus.

★ **Forsvarsmuseet** (**A** B6)
→ Akershus festning, bygning 62, Tel. 23 09 35 82, Mo–Fr 10–18 (Sept.–Mai 10–15), Sa und So 11–16 Uhr
Eine Spitfire und ein deutscher Panzer, Modelle, Schaubilder und 80 000 Bücher illustrieren die norwegische Militärgeschichte.

★ **Astrup Fearnley Museet for Moderne Kunst** (**A** C5)
→ Dronningens g. 7, Tel. 22 93 60 60, Di, Mi und Fr 11–17, Do 11–19, Sa und So 12–17 Uhr
Durch den Kauf von Jeff Koons' Nippfigur *Michael Jackson and Bubbles* hat das Museum Aufsehen erregt, doch wird dort auch moderne europäische und amerikanische Malerei gezeigt.

★ **Museet for samtids-kunst** (**A** B5)
→ Bankplassen 4, Tel. 22 85 22 10, Di–Fr 10–17, Do 10–20, Sa 11–16, So 11–17 Uhr
Gegenwartskunst ab 1945. Die 3000 Werke der festen Ausstellung sind größtenteils norwegisch.

★ **Kvadraturen**
(**A** B–C 3–4)
1624 zerstörte ein Großbrand das alte Oslo. Christian IV. verbot den Wiederaufbau und begründete bei der Festung eine neue Renaissancestadt, Christiania. Die rechtwinkligen Häuserblöcke zwischen Jernbanetorget und Egertorget sind ein Erbe dieser Stadt. Auf dem Stortorvet steht eine Statue Christians IV., die

AKERSHUS FESTUNG

NORGES HJEMMEFRONT-MUSEUM

FORSVARSMUSEET

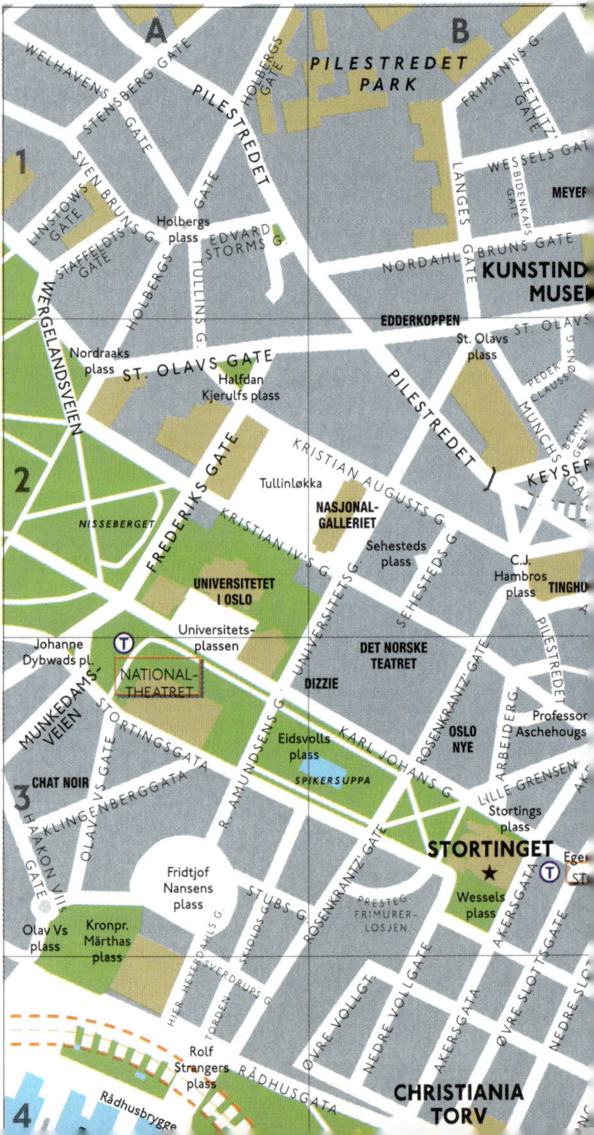

Oslo S ist das übliche Eingangsportal zur Stadt. Wie viele Hauptbahnhöfe erinnert auch dieser ein wenig an eine Hintertür, umgeben vom ältesten und unspektakulärsten Teil des Zentrums. Aber die unbewohnte Bürolandschaft mit lauten Bars birgt auch eine Reihe kultureller sowie kulinarischer Leckerbissen. Zwischen der Festung Akershus und der Karl Johans gate haben Museen und Luxusrestaurants die öffentlichen Gebäude der Stadt Christians IV. von 1624 eingenommen. Rechts von der Hauptstraße Karl Johan streckt sich die Einkaufsmeile Torggata vom Stortorvet und der Kathedrale bis zur Arbeiterbastion Youngstorget, um von dort aus die Kebab-Zone in Richtung Grünerløkka zu eröffnen.

TAMPOPO

KAFÉ CELSIUS

RESTAURANTS

Tampopo Sushi (**A** C4)
→ *Skipperg. 32, Tel. 22 42 43 21, Mo–Fr 11.30–20 Uhr*
Ganz in der Nähe des Hauptbahnhofs richten der Norweger Martin und seine japanische Frau authentische Sushis an. 10 Stück für 95 NOK.

Hai Café (**A** D2)
→ *Calmeyers g. 6, Mo–Sa 11–23, So 12–22 Uhr*
Ein versteckter Schatz in Oslos »Chinatown« mit guten und preiswerten vietnamesischen Gerichten. Wenn es voll ist, probieren Sie Saigons Lille Café in der Møllergata 32. 83–120 NOK.

Arakataka (**A** D2)
→ *Mariboes g. 7, Tel. 23 32 83 00, So–Mo 16–1, Di–Sa 16–3.30 Uhr (Essen bis 23 Uhr)*
Appetitlich angerichtete mediterrane Spezialitäten zum Niedrigpreis haben dieses unauffällige Restaurant bekannt gemacht. Keine Reservierung.
À la carte 129–159 NOK.

Solsiden (**A** A5)
→ *Søndre Akershuskai 34, Tel. 22 33 36 30, Mai–Aug.*
Sommerrestaurant mit Fjordblick, Fisch und Meeresfrüchten in spannenden Kombinationen. Klassiker ist die große Meeresfrüchte-Platte für 565 NOK pro Person.

Statholdergaarden (**A** B4)
→ *Rådhusg. 11, Tel. 22 41 88 00, Mo–Sa 18–24 Uhr*
Die prunkvollen Kanzleizimmer aus dem 18. Jh. mit ihrem barocken Stuck werden geradezu heimelig, wenn der Service so locker und aufmerksam wie hier ist. Der Bocuse d'Or-Gewinner Bent Stiansen komponiert jeden Tag neue Menüs mit vier bis sechs Gängen, bietet aber auch Saisongerichte à la carte. Zum Nachtisch gibt es Oslos beste *petits fours*. À la carte 290–360 NOK.

CAFÉS, EISCAFÉS

Trattoria Cappucino (**A** C3)
→ *Kirkeristen, Tel. 23 35 70 65, tägl. 11–22 Uhr*
Die Sonne spiegelt sich in den Stahltischen zwischen den Backstein-Arkaden hinter der Kathedrale. Während Sie auf Bedienung warten, können Ihre Kinder auf der Rasenfläche spielen. Kleine Gerichte für ca. 100 NOK, Bier (0,4 l) 47 NOK, 3 Gänge-Menü (ab 16 Uhr) ab 285 NOK.

JUSTISEN

BARE JAZZ

FESTMAGASINET STANDARD

Kafé Celsius (**A** B4)
→ *Rådhusg. 19, Tel. 22 42 45 39, Mo–Sa 11–24, So 13–22 Uhr*
Gemütliches Café in Oslos alter Bürgermeister-Wohnung mit beliebtem Innenhof im Sommer und schönem Kamin im Winter. Bier (0,5 l) 56 NOK.

Dolcevita (**A** B4)
→ *Prinsens g. 22, Tel. 22 42 23 36, Mo–Fr 7.30–20, Sa 10–20, So 11–20 Uhr*
Italienische Konditorei mit phantastischem Eis, Sandwiches und neapolitanischem Kaffee.

Kaffistova (**A** B3)
→ *Rosenkrantz g. 8, Tel. 23 21 41 00, Mo–Fr 10–20, Sa–So 10–17 Uhr*
Ein Stück Kulturgeschichte. Hier dreht sich alles um ländliche Traditionskost: Rømmegrøt (Sauerrahmbrei), Leber in Sahnesauce, Boknafisk (14 Tage lang getrockneter Fisch), Walsteak, Kartoffelknödel und Sodd (Hammelsuppe) – und dazu Wasser oder Limonade, denn auch die Tradition der Abstinenz wird hier hoch gehalten.

Bars, Nachtclubs

Justisen (**A** C3)
→ *Møllerg. 15, Tel. 22 42 24 72, tägl. 11–3 Uhr*
Juristen und angehende Politiker plaudern beim Bier in zwei windschiefen, verwinkelten Etagen oder draußen im gemütlichen Hinterhof. Gutes und preiswertes Essen, auch wenn sich viele mit Bier (42 NOK) begnügen.

Biblioteksbaren (**A** B2)
→ *Bristol, Kristian IVs g. 7, Tel. 22 82 60 00, So–Do 16–23, Fr–Sa 16–2.30 Uhr*
Klassische Hotelbar mit Bücherregalen zwischen den Sitzgruppen aus Chesterfield-Sesseln. Kaffee und Cognac ab 104 NOK.

London Pub (**A** B2)
→ *C.J. Hambros plass 5, Tel. 22 70 87 00, tägl. 15–3 Uhr*
Der Schwulen-Klassiker in Oslo. Billard und Jukebox im Keller, im Erdgeschoss Gloria-Gaynor-Disco und jüngere Gäste im Chairs. Hat durch den neuen Amüsierpalast Soho in der Kirkegata starke Konkurrenz bekommen.

Konzerte, DJs

Herr Nilsen (**A** B2)
→ *C.J Hambros pl. 5, Tel. 22 33 54 05, Mo–Sa 12–3, So 15–3 Uhr*
Intimes Konzertcafé für Live-Jazz mit und ohne Bart und viele erwachsene Gäste.

Café Mono (**A** D3)
→ *Pløensg. 4, Tel. 22 41 41 66, Mo–Sa 15–3, So 18–3 Uhr*
Klassischer schwarzer Rockclub mit weichen Sofas. Tagsüber Café, abends Club oder Livemusik. Samstags Beat Basement. Bier 44 NOK.

Sikamikanico (**A** C3)
→ *Stortorvet 10 (Eingang Møllergata), Tel. 22 41 44 09, tägl. 14–3 Uhr*
Dieses Café mit seinen großen Fenstern zur Møllergata ist einer von Oslos aktivsten House-Clubs mit den besten DJs der Stadt. An Wochenenden mit kleiner Tanzfläche.

So What (**A** C3)
→ *Grensen 9, Tel. 22 33 64 66, Mo–Fr 14–3.30, Sa 12–3.30, So 18–3.30 Uhr*
Café, enger Konzertkeller und Bedienung im Freien. Die Hochburg der jungen Indie-Popper trägt wesentlich zu Oslos Ruf als guter Konzertstadt bei.

Einkaufen

Festmagasinet Standard (**A** B4)
→ *Prinsens g. 25, Tel. 22 42 96 40, Mo–Di 10–17.30, Mi–Fr 9.30–18.30, Sa 10–15.30 Uhr*
Gute alte Furzkissen und andere Scherzartikel, Madonna- oder Tony Blair-Masken, Gorillakostüme und Spielzeug für Kinder und Erwachsene.

House of Singles (**A** C4)
→ *Kirkeg. 1–3, Tel. 22 42 87 04, Mo–Fr 10–17, Sa 11–15 Uhr*
Single-Mann in Oslo? Hier können Sie sich mit italienischen Anzügen, feinen Hemden und schicken Schuhen trösten.

Plattenläden
Einige interessante Musikläden, wo Sie ein preiswertes Souvenir finden.

→ **Tiger Safari** (**A** D3)
Youngs g. 11, Tel. 22 20 73 50, Mo–Fr 12–18, Sa 11–18 Uhr
Lokaler und internationaler Punk und Hardcore.

→ **Big Dipper** (**A** D2)
Torgg. 36, Tel. 22 20 14 41, Mo–Fr 11–18, Sa 11–16 Uhr
Pop, Rock, Indie, 60er, Reggae, Elektronika und mehr auf Vinyl und CD.

→ **Bare Jazz** (**A** C3)
Grensen 8, Tel. 22 33 20 80, Mo–Fr 10–18, Sa 10–16 Uhr
In einem Hinterhof in Grensen. Gute Beratung.

Heimen Husflid (**A** B3)
→ *Rosenkrantz' g. 8, Tel. 23 21 42 00, Mo–Fr 10–18, Sa 10–15 Uhr*
Trachten, Zinn, rosenbemalte Holzteller, Wolldecken und Souvenirs.

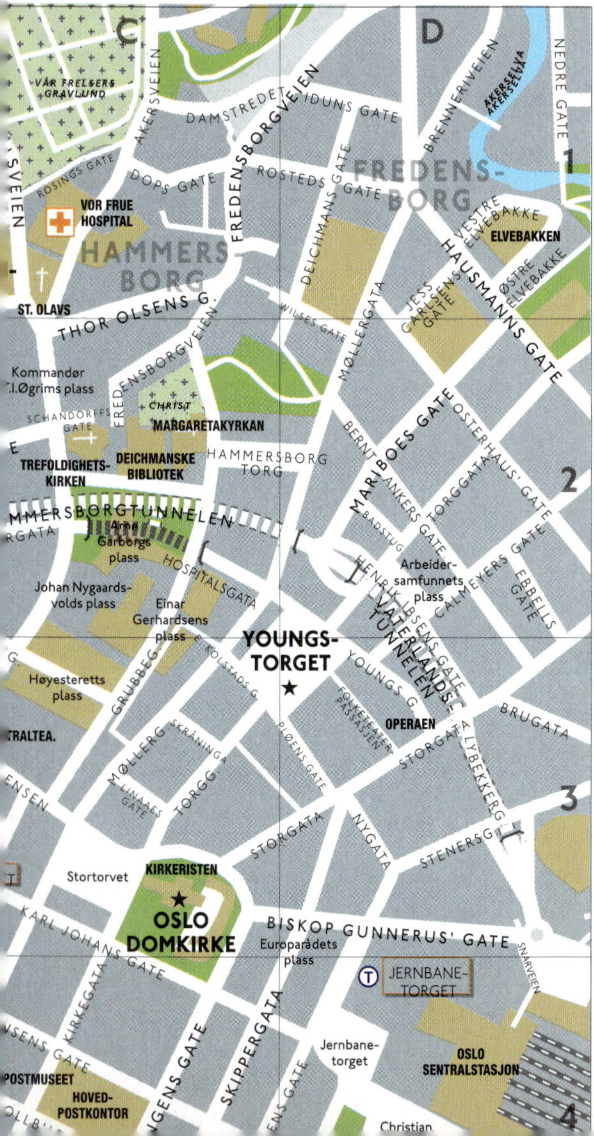

KVADRATUREN, CHRISTIANIA TORG

»LÖWENHÜGEL«, STORTINGET

OSLO DOMKIRKE

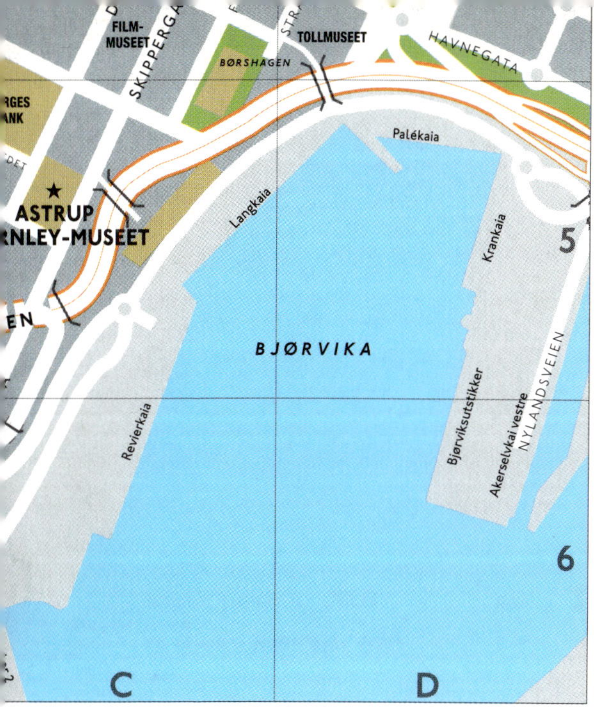

YOUNGSTORGET

KUNSTINDUSTRIMUSEET

gt, wo Christiania liegen
ll.

Stortinget (A B3)
Karl Johans g. 22,
23 31 35 96,
uli–15. Aug.: Führungen
Norw., Englisch),
30. (Norw., Deutsch),
Uhr (Norw., Englisch).
Sep.–15. Juni: Führungen
10, 11.30 und 13 Uhr
der Löwe noch niemals rwegische Schafsherden rissen hat, wird er von en Parteien als nettes ubtier anerkannt. Wenn nicht gerade im Landes-ppen prangt, ruht er sich f der Balustrade vor dem rlament, auch »Löwen-gel« genannt, aus. Das Gebäude wurde 1861–66 von dem Schweden Emil V. Langlet gebaut. Im Parlamentssaal hängt Oscar Wergelands Bild *Riksforsamlingen på Eidsvoll*.

★ Oslo domkirke und Kirkeristen (A C3)
➔ Stortorget 1, Tel. 23 31 46 00, tägl. 10–16, Gottesdienst So 11 und 19.30, Orgelkonzerte Mi 12 Uhr
Oslos Kathedrale (1697) wurde zur Kronprinzenhochzeit 2001 renoviert, sieht aber noch genauso lutherisch wie vorher aus. Zu ihren Höhepunkten gehören die Altartafel und Kanzel von 1699, E. Vigelands Glasmalereien (1916) und die englische Turmuhr von 1718. »Kirkeristen«, die neoromanischen Kolonnaden (von Christian H. Grosch, 1840–59) beherbergen heute Gastronomie und Kunsthandwerk.

★ Youngstorget (A D3)
Die gute Stube der Arbeiterbewegung, traditioneller Ausgangspunkt für Demonstrationen und Feiern am 1. Mai, wurde 1846 als Marktplatz angelegt. Heute streiten sich der Gewerkschaftsbund, die Arbeiderpartiet (»Arbeiterpartei«), die Oper und die rechtspopulistische Fremskrittspartiet (»Fortschrittspartei«) um den symbolkräftigen Platz. Die Basarhallen, eine Arkade mit Verkaufsständen (1876–77), wurden in den 90er Jahren restauriert.

★ Kunstindustrimuseet (A B–C1)
➔ St. Olavs g. 1, Tel. 22 03 65 40, Di, Mi und Fr–So 11–16, Do 11–19 Uhr
Kunsthandwerk, Mode und Design aus Norwegen und anderen Ländern vom 7. Jh. bis heute: Der *Baldishol*-Wandteppich von 1180, eine Sammlung Bildteppiche aus dem 16. und 17. Jh., Silber, Glas, Keramik, Möbel, eine ostasiatische Abteilung und königliche Gewänder, darunter das Brautkleid der Königin!

AKER BRYGGE

RÅDHUSET

★ Slottet und Slottsparken (**B** B–C 2–3)
→ *Drammensveien 1, Schlosspark: Immer offen. Dronningparken: Mai–Okt. Schloss: Führungen Juni–Mitte Aug., Eintrittskarten bei der Post*
Laubbäume, Rasenflächen und Wasser – ein Stück Land mitten im Zentrum. Hofgärtner Mortensen legte den englischen Park gemeinsam mit dem Schlossarchitekten Linstow an. Das dreiflüglige Empire-Gebäude (1825–48) hätte beinahe zwischen den heutigen Kebabläden in Tøyen gestanden, aber König Karl Johan (Reiterstatue) bestand auf diesem Ort. Die Wohnung des Königspaares liegt auf der Südseite.

★ Ibsenmuseet (**B** B3)
→ *Arbiensg. 1, Tel. 22 55 20 09, Di–So 12–15 Uhr. Führungen jede volle Std.*
Henrik Ibsens Wohnung von 1895 bis zu seinem Tod 1906 wurde originalgetreu restauriert. Sein Arbeitszimmer wurde aus dem Freiluftmuseum von Bygdøy wieder zurückgeholt.

★ Stenersenmuseet (**B** C4)
→ *Munkedamsv. 15, Eingang von der Konzerthausterrasse, Tel. 23 49 36 00, Di, Do 11–19, Mi, Fr–So 11–17 Uhr*
Rolf Nesch, Ludvig Karsten, Jacob Weidemann, Kai Fjell, Edvard Munch und andere norwegische Künstler von 1850 bis 1980, außerdem interessante Foto- und Malereiausstellungen.

★ Aker Brygge (**B** B–C5)
→ *Stranden, Tel. 22 83 26 80*
1982, nach über 100 Jahren mit 550 gebauten Schiffen, schloss die Werft zu Gunsten eines ganz neuen Stadtteils mit Gastronomie, Geschäften, Büros, Luxuswohnungen und Yachthafen, oft mit gesalzenen Preisen. Die Mischung aus alten Werftgebäuden und moderner Glas- und Stahlarchitekt ist einer von Oslos einhe lichsten Stadtteilen.

★ Rådhuset und Rådhusplassen (**B** C–D
→ *Tel. 23 46 16 00, Mai–Aug. Mo–So 8–17, Sept.–April 9–16 Uhr. Führu gen Mo–Fr 10, 12, 14 Uhr*
Das monumentale Rathaus wurde 1950 zu Oslo 900-jährigem Jubiläum von den Modernisten A. Arneberg und M. Poulsso erbaut und ist seitdem e Wahrzeichen der Stadt. Aber nicht einmal die astronomische Uhr auf der Westseite konnte verhindern, dass das 1000-jäh

SCHLOSS

IBSENMUSEET

STENERSENMUSEET

Rund um den Park Studenterlunden liegen alle Symbole, die ein Land zum Staat machen: Ein Parlament, ein Nationaltheater, eine Universität, ein Schloss – und eine Hauptstadt. Am Nationalfeiertag, dem 17. Mai, strömen Einheimische und Touristen zur Karl Johans gate, um den Kinderumzug zu sehen. Den Rest des Jahres laden die Hauptstraße und ihre angrenzenden Viertel mit vielen Geschäften, Bars, Kinos, Theatern und Restaurants zum Stadtbummel ein. Im Sommer ist Aker Brygge einer der beliebtesten Orte. Dort können Sie beim Essen und Trinken das Leben auf den Kais und auf dem Fjord beobachten, einkaufen und helle Sommerabende genießen.

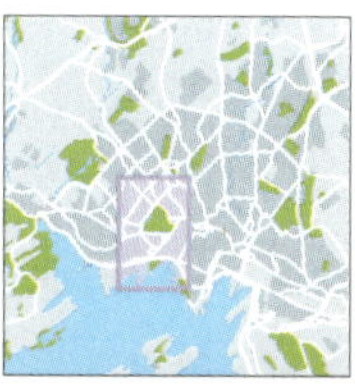

THEATERKAFEEN

PALACE GRILL

RESTAURANTS

Santinos (**B** D4)
→ *Tordenskiolds g. 8–10, Tel. 22 41 16 22, Mo–Sa 11–23, So 14–22 Uhr*
Große Auswahl an italienischem Essen. À la carte ab 98 NOK.

Dinner (**B** D4)
→ *Stortingsg. 22, Tel. 23 10 04 66, tägl. 16–11 Uhr*
Dinner führte die Chili-scharfe Szechuan-Küche in Oslo ein, hat aber auch kantonesische Spezialitäten. À la carte 145–214 NOK.

Palace Grill (**B** A4)
→ *Sollig. 2, Tel. 22 56 14 02, Mo–Sa 17–22, Bar: So–Do 15–2, Fr–Sa 15–3 Uhr*
Palace hat jahrelang Bier gezapft, ohne ein einziges Würstchen zu grillen. Heute fragt der Koch, was man nicht will, bevor er seine himmlischen Gerichte serviert. Typische Grillgerichte gibt es kaum. Keine Reservierung und wenige Tische; seien Sie um 17 Uhr dort oder essen Sie »Zaubertapas« in der Hinterhofbar. À la carte 220 –280, Menüs 350–695 NOK.

Theaterkafeen (**B** D4)
→ *Stortingsg. 24, Tel. 22 82 40 50, Mo–Sa 11–23, So 15–22 Uhr*
Das Essen ist kontinental und der Kaffee klassisch wienerisch, doch die meisten Gäste werden vom Mythos und dem Publikum aus Finanzpromis, Schriftstellern und Schauspielern des Nationaltheaters angezogen. Festliche oft laute Stimmung. Hauptgerichte 160–335 NOK.

Oro (**B** D4)
→ *Tordenskiolds g. 6 A, Tel. 23 01 02 40, Mo–Sa 18–22 Uhr*
Top-Restaurant mit großer Bar, elegantem Speisesaal in Weiß, Grau und Beige mit bequemen Stühlen und Weltmeister Terje Ness am Herd der offenen Küche. Taube, Kaninchen und Forelle in phantasievollen Kombinationen mit ungewöhnlichen Beilagen und einer guten Weinkarte. À la carte 198–275, neun Gänge 775 NOK.

Lofoten Fiskerestaurant (**B** B6)
→ *Stranden 75, Aker Brygge, Tel. 22 83 08 08, Mo–Sa 11–1, So 12–24 Uhr*
Ganz außen auf Aker Brygge – man bekommt fast nasse Füße beim Genießen der mediterran inspirierten Fischwunder. Hohe Preise. Hauptgerichte 252–276 NOK.

RY

PASCAL

NORWAY DESIGNS

ÅPENT BAKERI

Cafés, Konditoreien

Ferja (**B** D5)
→ *Rådhusbrygge 1, Tel. 22 42 43 12, Mai–Aug. tägl. 13–23 Uhr*
Jeden Sommer fest an der Rathausbrücke vertaut. Etwas entspanntere Atmosphäre und billigeres Bier (50 NOK) als gegenüber auf Aker Brygge.

Arcimboldo (**B** C2)
→ *Wergelandsv. 17, Tel. 22 83 52 95, Mo 11–18, Di–Do 11–24, Fr–Sa 11–3, So 12–18 Uhr*
Das große, kahle Vestibül im Künstlerhaus gegenüber dem Schlosspark ist Stammkneipe der Kulturelite. Mittag- und Abendessen, Hauptgerichte 180 NOK.

Lorry (**B** C2)
→ *Parkv. 12, Tel. 22 69 69 04, Mo–Sa 11–3, So 12–3 Uhr*
Die Traditionskneipe von 1940 ist voller Raritäten und Kunstwerke von bankrotten Stammgästen. Viele hielten die Luft an, als Lorry 1998 brannte, aber die Bierauswahl ist nach wie vor groß, die Kellner lustig, das Essen gut und die Atmosphäre einzigartig. Bier 53 NOK.

Pascal konditori og brasseri (**B** C4)
→ *Drammensv. 10 Tel. 22 55 00 20, Mo–Fr 9–23, Sa 10–23 Uhr, So 12–17 Uhr*
Clinton trank hier einen raschen Kaffee beim Staatsbesuch. Oslos beste Patisserie wird jeden Abend zur Brasserie für Feinschmecker. Take-Away und Filiale in der Tollbugata.

Beach Club (**B** B5)
→ *Bryggetorget 14, Tel. 22 83 83 82, Mo–Sa 11.30–23, So 13–23 Uhr*
Gut besuchtes Restaurant und Bar im amerikanischen Diner-Stil mit viel Platz im Freien. Noch eines der gemütlichsten in Aker Brygge. Spezialität: Hamburger.

Clubs, Bars

Smuget (**B** D5)
→ *Rosenkrantz g. 22, Tel. 22 42 52 62, Mo–Sa 16–4 Uhr*
Disco, Restaurant, mehrere Bars und Bühnen für Talkshows, Kabarett und Rockkonzerte. Eher bodenständige als hippe Atmosphäre. Unendliche Schlangen am Wochenende.

Bollywood Dancing (**B** A4)
→ *Sollig. 2, Tel. 22 55 11 66, tägl. 15–3 Uhr*
Westend-Rocker tanzen mit Lederjacke zu 80er-Jahre-Musik. Eng und voll. Den guten Bollyburger kann sich dafür jeder leisten.

Last Train (**B** D4)
→ *Karl Johans g. 45, Tel. 22 41 52 93, Mo–Sa 15–3.30, So. 18–3.30 Uhr*
Legendäre kleine Bar mit großen Konzerten. Viele Osloer Bands stammen von hier.

Fonii (**B** D4)
→ *Fritjof Nansens pl. 4, Tel. 22 42 22 34, geöffnet bis 3.30 Uhr*
Minimalistisch eingerichteter weißer Kellerclub, an dessen Theke die besten DJs die ganze Woche für Schwung sorgen. Für echte House-Fans.

Potpurriet Rosal (**B** D5)
→ *Øvre Vollg. 13, Tel. 22 41 14 40, Fr–Sa 21–5.30 Uhr*
Oslos Lesbenbastion. Zweimal im Monat Rundtanz und Swing bei »Karlas gladdans« oder im Sommer ein Bier im Hinterhof.

Cosmopolitan (**B** C4)
→ *Ruseløkkv. 14, Tel. 22 01 70 90, Di 18–1, Mi–Sa 18–3 Uhr*
Der neue Amüsierpalast in Vika hat eine Marmorbar, Tanzflächen und ein Gourmetrestaurant für Börsenhaie, die in Oslo inzwischen jede Menge Auswahl haben.

Einkaufen

Tronsmo bøker und tegneserier (**B** D3)
→ *Kristian Augusts g. 19, Tel. 22 99 03 99, Mo–Fr 9–17 (Do bis 18), Sa 10–16 Uhr*
Idealistische, unabhängige Buchhandlung, Norwegens einzige ohne Spiele und Ramsch? Garantiert für die Qualität der Bücher!

Nomaden (**B** B2)
→ *Uranienborgv. 4, Tel. 22 56 25 30, Mo–Fr 10–17 (Do bis 18), Sa 10–15 Uhr*
Träumen Sie sich zwischen Karten und Moskitonetzen mit aller möglichen Reiseliteratur weit weg.

Norway Designs (**B** C4)
→ *Stortingsg. 28, Tel. 23 11 45 10, Mo–Fr 9–17, Sa 10–15 Uhr*
Papier, Glas, Kleidung, Teppiche, Uhren und mehr in hübschem norwegischen und anderem Design.

Åpent bakeri (**B** A3)
→ *Incognito terrasse 1, Tel. 22 44 94 70, Mo–Fr 7.30–17, Sa 9–15 Uhr*
Das vielleicht beste Brot der Stadt wird 5–6 Stunden gebacken.

PIPERVIKA, VOM RÅDHUS-PLASSEN AUS GESEHEN

HISTORISK MUSEUM

NASJONALGALLERIET

UNIVERSITETET I OSLO, ZENTRUM

NATIONALTHEATRET

Jubiläum bereits 2000 feiert wurde. Tipp: Krabn vom Boot zwischen hiffs-Oldtimern!

Historisk museum
D3)
Frederiks gate 2, l. 22 85 99 12, 15. pt.–14. Mai Di–So 11–16 r, 15. Mai–14. Sept. Di–So –16 Uhr
ei Museen in einem: Die ihgeschichtliche Sammng der Universität zeigt erkzeuge und Felszeichngen aus der Steinzeit, hmuck und Waffen aus r Bronzezeit, mittelalterhe Sakralkunst und den n besten erhaltenen Wingerhelm. Das ethnografische Museum hat eine einzigartige Inuit-Sammlung und 900 Objekte von Roald Amundsens Polarexpeditionen. Das Münzkabinett zeigt u.a. Norwegens älteste Banknote.

★ Nasjonalgalleriet
(B D3)
→ *Universitetsg. 13, Tel. 22 20 04 04, Mo, Mi und Fr 10–18, Do 10–20, Sa 10–16, So 11–16 Uhr, Di geschl.*
»Der Schrei« und weitere bekannte Bilder von Munch, Gudes »Brautfahrt in Hardanger« und Nationalromantik von Dahl, Fearnley und Tidemand sind Höhepunkte in Norwegens größter Sammlung einheimischer und ausländischer Kunst bis 1945. Gute Sammlungen französischer Impressionisten und russischer Ikonen.

★ Universitetet i Oslo
(B D3**)**
→ *Karl Johans g. 47, 24. Juni – 31. Aug. Mo–Fr 12–16 Uhr*
Die *Universitas Osloensis* wurde 1811 von Frederik VI. gestiftet. 1854 bekamen sie ihre eigenen Gebäude (Architekt: Christian H. Grosch): *Domus Media,* das Haus mit dem klassizistischen Säulenportal, das »Urgebäude« *Domus Academica* und die erste Universitätsbibliothek *Domus Bibliotheca*. Die große Attraktion der alten Universität sind Edvard Munchs Wandgemälde in der Aula.

★ Nationaltheatret
(B D4)
→ *Johanne Dybwads plass 1, Tel. 22 00 14 00*
Theaterbau von Henrik Bull, 1899 unter scharfem Protest der Universität vollendet. Innenraum mit heiteren Rokoko-Zitaten. Große Bühne (752 Plätze), kleine Bühne (Amfiscenen, 212 Plätze), Malersaal (60 Pl.) und Außenstelle Torshovteatret. Hauptsächlich norwegische Klassiker, jeden August internationales Ibsen-Festival.

VIGELANDMUSEET

OSCARSHALL

★ **Frognerparken**
(**C** B1–C1)
→ *Immer offen*
Oslos zweitgrößter Park und wichtigstes Erholungsgebiet im Westen. Im 18. Jh. war der Stammhof Frogner von barocken Gärten umgeben. Die Laubengänge sind zu Alleen verwachsen, aber der alte Park ist immer noch lauschiger als der Rest des Parks, der zur Jubiläumsausstellung 1914 angelegt wurde.

★ **Vigelands skulpturpark** (**C** B1–C1)
→ *Haupteingang Kirkeveien Tel. 22 54 25 30, Besucherzentrum: 16. Mai–15. Sept. 9–20.30 Uhr*
Norwegens Hauptattraktion. Gustav Vigeland (1869–1943) verbrachte einen Großteil seinen Lebens mit der Verwirklichung von Monolith (Monolitten), Lebensrad (Livshjulet), den großen schmiedeeisernen Toren und den über 200 Skulpturen.

★ **Oslo Bymuseum** (**C** C2)
→ *Frogner hovedgård, Frognerv. 67, Tel. 23 28 41 70, Di–Fr 10–16, Sa–So 11–16 Uhr, Juni–Aug. Di–So bis 18 Uhr. Mo und 24. Dez.–15. Jan. geschl.*
Das Osloer Stadtmuseum veranschaulicht 1000 Jahre Stadt-, Kultur- und Wirtschaftsgeschichte. Im Stammhof Frogner (1790) gibt es norwegische Einrichtungen von 1700–1900.

★ **Vigelandmuseet** (**C** C2)
→ *Nobels g. 32, Tel. 22 54 25 30, Okt.–April Di–So 12 –16 Uhr, Mai–Sept. Di–Sa 10–18, So 12–18 Uhr*
Gustav Vigeland schenkte der Stadt sein Lebenswerk für ein Atelier, das Gipsmacher, Steinmetze, alle seine Kunstwerke und ihn selbst unterbringen konnte. Die Wohnung ist im Zustand von 1943, als Vigeland starb (seine Urne steht in der Turmkammer). Das neoklassische Haus der Architekten Ree und Buchs (1923) beherbergt einen Museumsladen. Im Sommer finden im Innenhof Konzerte statt.

★ **Oscarshall** (**C** B4)
→ *Oscarshallv., Tel. 22 56 15 3 Mai–Sept. Di–Do und So 11–15 Uhr, Okt.–April So 10.30–14.30 U*
Über dem Mastenwald de Frognerkilen steht das Sommerschloss Oskars I 1847–52 erbaut und von den Malern Tidemand un Gude dekoriert.

★ **Vikingskipshuset**
(**C** A5–6)
→ *Huk aveny 35, Tel . 22 13 52 80, Mai–Sept. tägl. 9–18 Uhr, Okt.–April tägl. 11–16 Uhr*
Die drei besterhaltenen

FROGNERPARKEN

VIGELANDSPARKEN, MONOLITTEN

OSLO BYMUSEUM

Zwischen Schlosspark, Frognerpark und den Yachten auf dem Frognerkilen liegt das teuerste Wohnviertel der Innenstadt; breite Straßen werden dort von Mietshäusern und Villen aus dem späten 19. Jh. gesäumt. Träumen Sie ruhig ein wenig zwischen großen Laubbäumen und Zuckerbäcker-Fassaden mit Stuck und schmiedeeisernen Balkonen, doch wenn die Kastanien in der Bygdøy allé blühen, wird es Zeit für einen Ausflug zur ländlichen Museumsinsel Bygdøy. Dort kann man die königlichen Pferde betrachten, Waldspaziergänge unternehmen oder Seefahrtsgeschichte und norwegisches Alltagsleben studieren – das frühere im Folkemuseet und das moderne an Oslos beliebtesten Stränden Huk, Paradisbukta und »Homolulu«!

BØLGEN & MOI

BAGATELLE

RESTAURANTS

Pizza da Mimmo (**C** D3)
→ *Behrens g. 2,*
Tel. 22 44 40 20,
Mo–Sa 16–23, So 16–22 Uhr
Pizza mit knusprigem Boden und Rotwein, serviert an rustikalen Tischen mit Steinfliesen. Oslos beste? Diese Theorie hat viele Anhänger, weshalb man reservieren sollte. Pizza 95–106 NOK.

Mares (**C** D3)
→ *Frognerveien 12 B,*
Tel. 22 54 89 80,
tägl. 17–0.30 Uhr (Essen bis 22.30 Uhr)
Fisch und Meeresfrüchte gehören zu Norwegens wichtigsten natürlichen Ressourcen, und wenige verwalten sie besser als Küchenchef Lucien Mares. Die Weinauswahl ist glänzend, mit selbst importierten Weißburgundern. Reservieren Sie – jede Ecke des intimen Lokals ist voll. Hauptgerichte ca. 200 NOK.

Lille Herbern Fjordkro (südlich von **C** B6)
→ *Herbernv., Bygdøy,*
Tel. 22 44 97 00,
tägl. 12–22 (Mo ab 15), letzte Fähre von Lille Herbern 23.30 Uhr
Norwegens kürzeste Fähre (25 NOK, mind. zweimal pro Std.) ist die einzige Möglichkeit, auf die Schäre Herbern in der Hafeneinfahrt zu gelangen. Im Sommer täglich Fisch und Meeresfrüchte, montags Krabben. Kleine Gerichte und großes Menü à la carte. Hauptgerichte ca. 200 NOK.

Bølgen & Moi Briskeby (**C** D2)
→ *Løvenskiolds gate 26,*
Tel. 24 11 53 53,
Essen: Mo–Fr 7.30–23, Sa 9–23, So 9–18 Uhr
Briskebys Umspannwerk gibt als Restaurant noch mehr Kraft: Frühstückssaal mit altem Holzofen und langen Tischen, moderne Brasserie mit vorzüglicher Hausmannskost und Mezzanin mit französisch-italienischer Prestigeküche mit norwegischem Einschlag. Hauptgerichte 190–250 NOK.

Bagatelle (**C** D4)
→ *Bygdøy allé 3,*
Tel. 22 12 14 40,
Mo–Sa 18–24 Uhr (Mittagessen ab 8 Personen nach Absprache)
Das zu den Besten des Nordens zählende Restaurant ist elegant und behaglich eingerichtet, hat moderne Kunst an den Wänden, begabte Kellner und ein täglich neues Menü: Gänsele-

ION

FROGNERPARKENS CAFÉ

MUSEUMSBUTIKKEN, NORSK FOLKEMUSEUM

ber, Taube, Austern und Kammmuscheln auf französische Art, aber auch Dorsch, Seeteufel oder Lamm aus Norwegen. Ein Grand Menu mit 7 Gängen kostet 1150, der Wein 305 bis 55000 NOK, aber wenn der Nachtisch verzehrt ist und eine Käseplatte aufgetragen wird, bereut man es nicht. À la carte ab 320 NOK.

CAFÉS

Clodion Art Café (**C** C3)
→ *Bygdøy allé 63, Tel. 22 44-97-26, tägl. 10–1 Uhr*
Sonne, Mond und Sterne schmücken den Eingang des kleinen Cafés, das von oben bis unten mit verkäuflichen Kunstwerken dekoriert ist. Bunte, weiche Sofas und kleine Gerichte. Besonders beliebt bei Frogneranern zwischen 20 und 40. Bier 52 NOK.

Frognerparkens Café / Herregårdskroen (**C** C2)
→ *Frognerveien 67, Tel. 22 55 75 82 / 22 55 20 89, Frognerparkens Café tägl. 11–22, Herregårdskroen Mo–Sa 11–21, So 12–21 Uhr*
Zwei klassische Gartenlokale. Der Herregårdskroen im Schatten großer Bäume ist etwas gemütlicher, im Frognercafé gibt es mehr Sonne. Beide haben eine Auswahl kleiner Gerichte, 6–7 Hauptgerichte und mit 57–58 NOK ziemlich teures Bier.

Madserud gård (**C** B2)
→ *Madserud allé 34, Tel. 22 54 54 22, Di–Sa 11.30–15.30, 17–22, So 11–18, Mo 17–22 Uhr*
Idyllisch und vornehm. Wenn die Beine von der Tour durch den Vigelandspark weich werden, sind die letzten Kräfte am besten für den Weg hierher angewendet. Innen exklusives Top-Restaurant, draußen ist das Essen etwas einfacher, aber genau so gut. Kleine Gerichte ca. 100, Fleisch- oder Fischgerichte 150, Bier 54 NOK.

Hukodden Strandrestaurant (südlich von **C** B5)
→ *Huk, Bygdøy (»Badebåten« von Rådhusbrygge 3), Tel. 22 43 74 62, Sommer: tägl. 11–21.30 Uhr, Herbst: nur an Wochenenden*
20 Minuten Bootstour, dann an Oslos vielleicht schönstem Strand bei Weißwein, Abendsonne und Fjordblick entspannen. Draußen 250 Plätze, weitere 50 im ehemaligen Badehaus. Ihr Bier kommt hier im Kühler und die Klientel, leicht bekleidete Sonnenanbeter jeden Alters umgeben Sie. Fischsuppe mit Brot 95, Bier 56 NOK.

BARS, KONZERTE

Kastanjen (**C** D3)
→ *Bygdøy allé 18, Tel. 22 43 44 67, Essen: Mo–Sa 18–23, So geschl. Bar: Mo–Do bis 1.30, Fr–Sa bis 2.30 Uhr*
Kastanjen ist zwar hauptsächlich ein Feinschmeckerrestaurant, aber die schicken Leute in der Schlange davor sind auf dem Weg zur Wendeltreppe in die kleine, gemütliche Kellerbar. Bier 57 NOK.

Lille (**C** D3)
→ *Bygdøy allé 5, Tel. 22 44 80 44, Mo–Sa 18–3.30 Uhr*
Lille (»Die Kleine«) ist eine ziemlich große Bar mit Disco im Erdgeschoss und Kellerbühne – und dem ein oder anderen Prominenten an den Tischen. Laute, unversnobbte Atmosphäre.

EINKAUFEN

Face it (**C** D3)
→ *Frognerv. 13, Tel. 22 56 22 70, Mo–Do 9–20, Fr 9–17, Sa 10–14 Uhr*
Keine Frage, dass hier in Frogner das Äußere zählt. Peeling, Laserbehandlung, Massage, warmes und kaltes Wachs, Maniküre, Pediküre und alles, was ein Schönheitssalon zu bieten hat.

Gimle Speiz (**C** C3)
→ *Bygdøy allé 51 B, Tel. 23 27 11 05, Mo–Fr 9–18, Sa 9–15 Uhr*
Kosmetikberatung für nach dem Peeling.

Vestkanttorget (**C** D2)
→ *Amaldus Nilsens plass, Sa 10–17 Uhr*
Normalerweise sind Flohmärkte in Oslo dazu da, Geld für Schulkapellen und andere gute Zwecke zu beschaffen. Dieser ist die Ausnahme. Alte Möbel, Kleider, Platten und Kunsthandwerk.

Museumsbutikken på Norsk Folkemuseum (**C** A5)
→ *Museumsv. 10, Tel. 22 12 36 60, Öffnungszeiten: wie Museum*
Souvenirs und Bücher über norwegisches Alltagsleben.

Expo-Nova Møbelgalleri (**C** C3)
→ *Bygdøy allé 58 B, Tel. 23 13 13 40, Mo–Fr 10–17, Sa 10–15 Uhr*
Oslos bekanntestes Geschäft für teure Designermöbel.

VIKINGSKIPSHUSET

NORSK FOLKEMUSEUM

KON TIKI

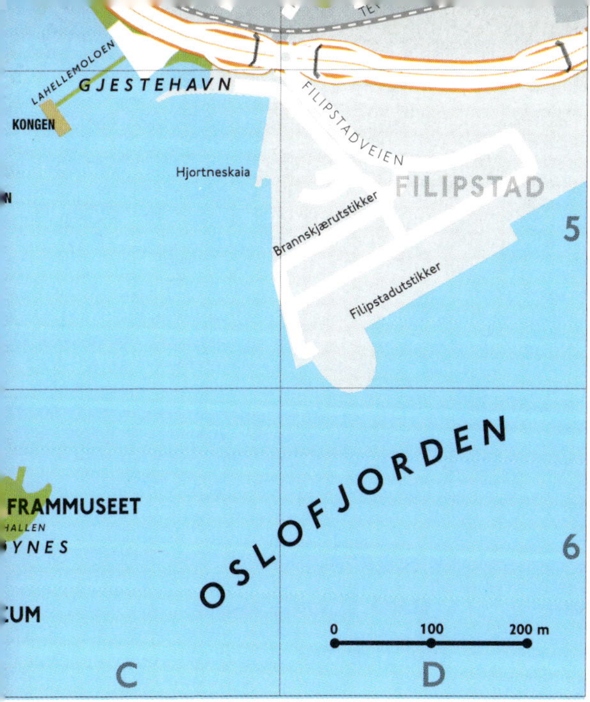

NORSK SJØFARTSMUSEUM

FRAMMUSEET

‹ingerschiffe der Welt, 9. Jh. aus Eiche gebaut d in Häuptlingsgräber egt, um ihre Besitzer ins enreich zu bringen. Am sten bewahrt ist das ebergschiff mit seinem ıstvoll geschnitzten, sti- erten Drachenbug.

Norsk Folkemuseum A5)
Museumsv. 10, 22 12 37 00, Mai–14. Sept. tägl. 10–18, ıst Mo–Fr 11–15, Sa und So 16 Uhr, in den Weihnachts- en geschl. Freiluftmuseum: l. 9.30–18 (Winter) bzw. o–20 Uhr (Sommer)
: Stabkirche von Gol (13.) ist das älteste von 155 traditionellen Gebäuden, die aus ganz Norwegen in das Freiluftmuseum versetzt wurden. Im Sommer gibt es Kartoffelfladen, Volkstanz, Pferdekarren, Führungen und Märchen. Kinder können Uromas Leckereien und Uropas Spielzeuge ausprobieren.

★ **Kon-Tiki Museet** (**C** B6)
→ *Bygdøynesv. 36, Tel. 23 08 67 67, Juni–Aug. tägl. 9.30–17.45, April–Mai und Sept. 10.30–17, Okt.–März 10.30–16 Uhr*
1947 stach das Balsafloß Kon-Tiki von Peru aus in See und erreichte 101 Tage später Polynesien. Der umstrittene Ethnologe Thor Heyerdal (1914–2002) ist einer der bekanntesten Norweger. Hier gibt es die originale Kon-Tiki, das Schilfboot Ra II von 1970, ein Modell der Tigris, Statuen von den Osterinseln, einen verstaubten 10 m langen Walhai und ständige Filmvorführungen über Heyerdals Expeditionen.

★ **Norsk Sjøfartsmuseum** (**C** B6)
→ *Bygdøynesv. 37, Tel. 24 11 41 50, Juni–Sept. Mo–Sa 9.30–17.30, Okt.–Mai Mi–So 12.30–17 Uhr*
Norwegen hat viel Küste und wenig fruchtbare Erde, weshalb die Seefahrt stets lebensnotwendig war. Hier sehen Sie Küstenkultur und Seefahrtsgeschichte: Karten, Modelle, nautische Instrumente, Boote und Schiffe.

★ **Frammuseet** (**C** C6)
→ *Bygdøynesv. 36, Tel. 23 28 29 50, Mo–Sa 10–13 und 14–17, So 11.30–18 Uhr (Mai–Okt.)*
Fritjof Nansen ließ die Fram von Colin Archer in Larvik für seine Polarexpeditionen anfertigen. Auch Roald Amundsen, der 1911 als Erster den Südpol erreichte, startete von Bord der Fram. Das Schiffsinnere gibt einen Eindruck vom Leben der Forscher in der Eiswüste.

BARNEKUNSTMUSEET

EMANUEL VIGELAND MUSEUM

NRK

★ **Bislett stadion** (**D** F4)
→ *Bislettg. 1, Tel. 20 60 18 80*
Das alte Stadion des FC Vålerenga wird heute für Leichtathletik genutzt. 1913 spielte Norwegen 1:1 gegen Schweden, danach kamen Clubhaus und Haupttribüne (1922, Ole Sverre), der funktionalistische Bau (1940), EM, WM, Olympiade, Hjallis, Coe, 55 Leichtathletik-Weltrekorde (14 im Eisschnelllauf), Verfall, drohende Schließung und eine bis heute ungewisse Zukunft.

★ **Murvillaene i Homansbyen** (**D** E4)
1853 kauften die Brüder Homan das Gebiet um Josefines und Oscars gate. G.A. Bull entwarf die ersten der Backsteinvillen, und alle späteren Architekten mussten seinen Vorgaben folgen. Homansbyen ist deshalb für Oslo ungewöhnlich einheitlich. Die vielleicht schönste (Bull, 1860) steht in der Josefines gate 13: Französische Neogotik mit runden, spitz zulaufenden Ecktürmen.

★ **Skøytemuseet** (**D** C4)
→ *Middelthuns g. 26, am Frogner Stadion, Tel. 22 45 49 20, Di und Do 10–14, So 11–14 Uhr; Gruppen nach Absprache*
Schlittschuhgeschichte vom 19. Jh. bis heute. Oscar Mathiesen, Knut Johannesen und Johan Olav Koss sind die Stars der Sammlung von Prämien, Bildern und Schlittschuhen aus allen Epochen, von primitiven Holzkufen bis zu Klappschlittschuhen.

★ **Frogner stadion** (**D** C4)
→ *Kingos g. 17C, Tel. 22 55 89 94*
Nur die Statuen Oscar Mathisens (A. Durban, 1959) und Sonja Henies (Per Ung, 1986) erinnern an die Glanzzeit des Stadions, das von 1901 bis zum Zweiten Weltkrieg das Zentrum des Eislaufs war. Hier gewann Henie 1927 ihre erste WM, und Mathisen wurde dreimal Weltmeister. Hie verlor die norwegische N tionalelf 1910 ihr erstes Heimspiel (0:4 gegen Schweden) und errang 1918 mit 2:1 gegen Däne mark ihren ersten Sieg.

★ **Sporveismuseet** (**D** D
→ *Vognhall 5, Gardev. 15, Tel. 22 60 94 09, So und Mo 12–15 Uhr*
Die Geschichte der Osloe Straßenbahn begann 18 mit 6 PS auf drei Linien. 1894 bekam Oslo als ers skandinavische Stadt eir elektrische Straßenbahn genannt »Trikk«. Hier sin 59 Wagen aus allen Epochen ausgestellt, darunt der »Goldfisch« und das

BISLETT STADION

HOMANSBYEN, JOSEFINES GATE 13

SKØYTEMUSEET

Majorstuen ist ein recht wohlhabendes Wohnviertel, dessen T-Bahnstation ein guter Ausgangspunkt ist: Man kommt von hier zum besten Kino (Colosseum), zum schönsten Park (Frognerparken) oder zur exklusiven Modestraße Bogstadveien, die sich wie eine Perlenkette aus Bars und Boutiquen bis hinunter zum Schlosspark erstreckt, wo die Kassenzettel Ihnen verraten, dass sie inzwischen Hegdehaugsveien heißt. Daneben liegt das berühmte Bislett Stadion und gleichnamige Viertel, wo die alte Frydenlund Brauerei zu Oslos Hochschulzentrum ausgebaut wurde. Zum Campus der Universität in Blindern? Da hätten Sie noch zwei Stationen weiter fahren müssen.

CURRY & KETCHUP

THE BROKER

RESTAURANTS

Curry & Ketchup (**D** D3)
→ *Kirkev. 51, Tel. 22 69 05 22, tägl. 13–23 Uhr*
Zwischen Studenten und Backpackern, die zu indischem Raga oder irischer Folklore Hähnchen Tikka Masala und Lammcurry essen. Ketchup passt zu allem! Hauptgerichte ab 69, Hauswein 150 NOK.

Valkyrie Restaurant (**D** D3)
→ *Valkyrieg. 15, Tel. 22 69 70 10, Mo–Fr 12–24 Uhr*
In der »Valka« schlug sich Elling in dem gleichnamigen Kultfilm den Bauch mit Speck und Tunke voll. Genau richtig, wenn Sie den Tag mit urnorwegischem Essen in der bierseligsten Kneipe des Viertels abrunden wollen. Warme Gerichte 80–90, Bier 43 NOK!

Bambus (**D** D3)
→ *Kirkev. 57, Tel. 22 85 07 00, Di–Mi 14–23, Do–Sa 14–24, So–Mo 14–22 Uhr*
Sauberes, sonnengelbes Interieur und fröhliche Kellner! Aber kann man wirklich die Küchen Thailands, Vietnams, Chinas und Japans unter einem Dach vereinen? Probieren Sie z.B. Kung Pow mit Meeresfrüchten und Gemüse in Austernsauce oder Tepanyakki. Bar mit originellen Obstlampen. Hauptgerichte 89–169 NOK.

Bar og Restaurant (**D** D3)
→ *Kirkev. 64, Tel. 22 95 55 45, Mo–Fr 11.30–23, Sa 13–23 Uhr; Bar: Mo–Fr 11.30–3, Sa 13–3 Uhr*
Designbar und Restaurant mit Mezzanin und hoher Decke. Ebenso viel Platz für Phantasie räumt die Speisekarte ein, nur frisch und kontinental muss es sein. Ob Sie nun im Ofen gegarten Heilbutt mit roter Beete, Zuckererbsen und Meerrettich mit Noisette-Hollandaise essen, die Fenster garantieren auf jeden Fall, dass Sie dabei sehen und gesehen werden. Hauptgerichte 235 NOK.

La Province (**D** D4)
→ *Industrig. 40, Tel. 23 20 44 00, Mo–Sa 11–23, So 13–21 Uhr*
Ein Café im Erdgeschoss und das Restaurant im Keller. Die minimalistische Einrichtung und der schnelle Service entsprechen eher der Großstadthektik, aber das Essen im modernen französischen Gourmetstil ist gut. Hauptgerichte 238–265 NOK.

HORGAN'S

KRISTINES FRANSKE FRISTELSER

OLIVENLUNDEN

CAFÉS

Odeon (D E4–B B1)
→ *Hegdehaugsv. 34, Tel. 22 69 05 35, Mo 17–1, Di–Sa 17–3, So 15–1 Uhr*
Bar, Restaurant und Café mit viel Platz im Freien an der eleganten Oscars gate. Hier gibt es Wickeltische, Platz für Kinderwagen und eine große Nichtraucherabteilung. Mittagessen ab 60, Abendessen ab 90 NOK.

Krishna's Cuisine (D E3)
→ *Kirkev. 59, Tel. 22 60 62 50, Mo–Fr 12–20 Uhr*
Gesundes Essen an der Majorstua. Gesundheitsfanatiker freuen sich über die Nikotin- und Koffeinfreiheit des Cafés. Tagesgericht (80 NOK) ist oft eine Schüssel Reis mit *papadums* und Suppe – ohne Zwiebeln, Knoblauch, Pilze oder gar Fleisch. Kräutertees und Zichorienkaffee.

Macumba Social Club (D E4)
→ *Thereses g. 51, Tel. 22 56 64 11*
Sparsam, aber behaglich eingerichtetes Café mit Außentischen mitten im Verkehr. Viel Fisch, jeden Tag frisches Mittagsmenü. Hauptgerichte 130–150 NOK.

The Broker Café (D D4)
→ *Bogstadv. 27, Tel. 22 93 04 80, Mo–Fr 11–0.30, Sa 11–1.30, So 12–23.30 Uhr*
Kontinentales Café für ruhige Mittagessen unter einem alten bemalten Glasdach. Auch abends gut für Gespräche geschäftlicher und privater Art. Bier (0,4 l) 52 NOK, Mittagessen 89–94 NOK.

BARS, KONZERTE

Den Gamle Majors Lab (D D3)
→ *Bogstadv. 66, Tel. 22 46 29 04, Mo–Do 11–1.30, Fr–Sa 11–2, So 12–1.30 Uhr*
Englische Bar, als Schreckenskabinett eingerichtet, komplett mit Skeletten, Geistern.

Horgan's (D E4–B B1)
→ *Hegdehaugsv. 24, Tel. 22 60 87 87, So–Di 17–1, Mi–Do 17–2, Fr–Sa 17–3, So 13–3 Uhr*
Amerikanische Bar (und Restaurant), vor der die Westend-Jugend am Samstagabend Schlange steht. Bier 69 NOK!

Chateau Neuf und Betong (D C3)
→ *Slemdalsv. 7, Tel. 22 84 45 11, variierende Öffnungszeiten*
Der Betonklotz der Studentenvereinigung wird für alles von Theater über Rockfestivals und Housepartys bis zu Diskussionen benutzt. Betong ist der Klub im Keller.

EINKAUFEN

Hegdehaugsveien und Bogstadveien (D D–E 3–4, B B–C 1–2)
Norwegens längste Einkaufsstraße hat alle großen Marken.

Kamikaze und Kamikaze Donna
→ *Hegdehaugsv. 24 und 27, Tel. 22 60 20 25 / 22 59 38 45, Mo–Mi, Fr 10–17, Do 17.30, Sa. 10–15.30 Uhr*
Nehmen Sie einen Kredit auf und begehen Sie hier wirtschaftlichen Suizid. Aber kaufen Sie vorher noch etwas von Cerruti oder Prada für Ihren Mann.

MA
→ *Hegdehaugsv. 27, Tel. 22 60 72 90, Mo–Fr 10–18, Sa 10–16 Uhr*
Besondere Damenmode von Costume National, Fred Smith, Pia Myrvold und norwegischen Designern, oft zu erschwinglichen Preisen.

Georg Nilsen Fisk & Vilt
→ *Bogstadveien 39, Tel. 22 46 50 16, Mo–Mi 9–17, Sa 9–15 Uhr*
Feinkostladen mit Antilope, Alligator, Elch, Rentier, Muscheln und Fisch.

Lille Vinkel sko
→ *Kirkev. 59, Tel. 22 46 86 18, Mo–Mi, Fr 9–18, Do 9–19, Sa 10–16 Uhr*
Der letzte Schrei bei Herren- und Damenschuhen, sogar von norwegischen Designern, in einer unabhängigen Boutique.

Kristines franske fristelser (D E3)
→ *Kirkev. 98, Tel. 22 69 90 11, Di–Fr 8.30–18, Sa 8.30–16, So 10–16 Uhr*
Einladende Kuchen von Konditor Alain Jean-Joseph, verkauft von der netten Kristine.

Olivenlunden (D E4)
→ *Dronning Astrids g. 7, Tel. 22 56 57 52, Mo–Fr 10–17 (Do bis 18), Sa 10–15 Uhr*
Olivenöle vom Mittelmeer und alles, was dazugehört.

Sprell Leker (D D4)
→ *Industrig. 49, Tel. 22 60 26 80, Mo–Mi, Fr 10–17, Do 10–18, Sa 10–15 Uhr*
Kinderspielzeug. Filiale in Grünerløkka.

Bislet Brukt & Antikmarked (D F4)
→ *Dalsberstien 19, Tel. 22 69 88 11, Mo–Fr 11–18, Sa 11–16 Uhr*
Alte Möbel, Porzellan.

FROGNER STADION, OSCAR MATHISEN-STATUE

SPORVEISMUSEET

AKERSELVA

BERGFJERDINGEN

VÅR FRELSERS GRAVLUND

Nur eine Viertelstunde von der Karl Johans gate liegt Grünerløkka, ein »urbanes Dorf« mit rechtwinkligen Blöcken farbenfroher Mietshäuser aus dem späten 19. Jh., zahllosen Bars und Cafés und Parks, in denen sich im Sommer das Leben abspielt. Die Bewohner von »Oslos Greenwich Village« sind jünger und wohnen enger zusammen als die Menschen im Westend. Nur wenige aus der heutigen »Løkka« verdienen ihr Geld in den Fabriken entlang der Akerselva, und die Atmosphäre ist hier nach wie vor locker und entspannt. Das Viertel um den grünen Hügel St. Hanshaugen, wo viele das erste Frühlingsbier im Freien genießen, besteht aus friedlichen Straßen mit großen Mietshäusern und Villen.

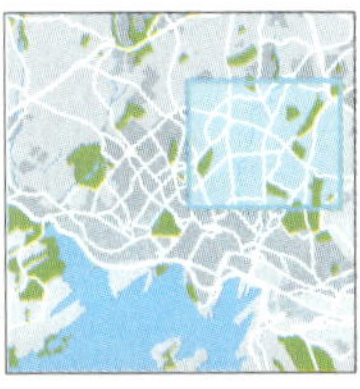

SULT

MARKVEIEN MAT & VINHUS

RESTAURANTS

Mucho Mas (**E** C3)
→ *Thorvald Meyers g. 36, Tel. 22 37 16 09, So–Do 12–1, Fr–Sa 13–1 Uhr*
Quesadillas, Burritos und Nachos bis 1 Uhr. Aber wenn Sie auch einen Tisch wollen, müssen Sie früh kommen. Quesadilla 79, Bier 48 NOK.

Basilico (**E** C4)
→ *Markv. 42, Tel. 22 37 05 00, So–Fr 15–23, Sa 13.30–23 Uhr*
Üppige Basilikumpflanzen verschönern die Einrichtung. Gute Auswahl italienischer Pasta und Pizza zu unter 100 Kronen. Netter Service und dazu noch preiswerter Wein! Das Tiramisu oder andere Desserts kosten 49 NOK.

Sult (**E** C3)
→ *Thorvald Meyers g. 26, Tel. 22 87 04 67, Mo–Fr 16–0.30, Sa–So 13–0.30 Uhr*
Strauß, Alligator, Pferd oder Wal – keines ist sicher, wenn der Küchenchef Fleisch für die preiswerten Feinschmeckermenüs im »Hunger« braucht. Das spartanische Lokal ist oft zum Bersten voll, aber die Bar Tørst (»Durst«) ist gemütlich genug, um dort ein wenig Magenknurren auszuhalten. À la carte 149 NOK.

El Canario (**E** A4)
→ *Waldemar Thranes g. 2, Tel. 22 69 53 53, Di–So 15–22 Uhr*
Würfelförmiges kleines Lokal mit 6 Tischen und authentischen spanischen Tapas: Calamares, Balsamico-mariniertes Schwein oder Paella als Appetizer oder Hauptgericht. 6 Tapas 155 NOK.

Markveien Mat & Vinhus (**E** C4)
→ *Torvbakkg. 12, Tel. 22 37 22 97, Mo–Sa 17–23 (Weinbar 16–23) Uhr*
Grünerløkkas klassisches Luxusrestaurant serviert exklusive norwegische Erzeugnisse mit italienischem Touch: In *lardo* gebratenes Hähnchen mit Tomatensalat, Seeteufel mit Kompott aus Stachelbeere und Frühlingszwiebeln usw. Dr. Kneipps Weinbar nebenan. À la carte 200 NOK.

KAFFEEBARS

Java espressobar (**E** A4)
→ *Ullevålsvn. 45 B, Tel. 22 59 46 37, Mo–Fr 7.30–18, Sa 9–18, So 11–17 Uhr*
Robert Thoresen, weltbester *Barista* 2001, serviert Espresso mit hübschen Motiven im Schaum. Kleiner Kaffee 15 NOK.

BOCA

D'LIRIUM

GODT BRØD

Il Moro (**E** C3)
→ *Thorvald Meyers g. 25, Tel. 22 04 19 00, Mo–Fr 7.30–20, Sa 9–19, So 11–19 Uhr*
Kaffeegetränke, Pannini und italienisches Eis, französische Croissants und norwegische Zeitungen. Tee/Kaffee 26 NOK.

CAFÉS, BARS

Bar Boca (**E** C3)
→ *Thorvald Meyers g. 30, Tel. 22 04 10 80, tägl. 11–0.30 Uhr*
Die besten Cocktails der Stadt werden in dieser kleinen Bar mit fünf ovalen Tischen und 50er-Jahre-Lampen gemixt.

Tea Lounge (**E** C3)
→ *Thorvald Meyers g. 33 B, Tel. 22 37 07 04, So–Do 11–1, Fr–Sa 11–3 Uhr*
Tagsüber Kinderwagen und Mütterklatsch in roten Plüschsofas, abends hippe Bar. Tee 26, Kaffee 22 NOK.

Café 33 (**E** C3)
→ *Thorvald Meyers g. 33, Tel. 22 04 10 80, Mo–So 12–1, Di–Sa 14–3 Uhr*
Lokalkneipe mit gemischtem Publikum jeden Alters. Nach eins ist das 33 eine der Alternativen zur Schoushallen unten in der Straße. Norwegisches Essen. Bier 44 NOK.

Fru Hagen (**E** C4)
→ *Thorvald Meyers g. 40, Tel. 22 35 67 87, So–Do 11–2, Fr–Sa 11–3 Uhr*
Dieses Lounge-Café mit alten Sofas, Kronleuchtern und Außentischen trug mit dazu bei, dass das Viertel vor ein paar Jahren »hip« wurde. Bier 51 NOK.

Colletts Café (**E** A3)
→ *Colletts g. 33, Tel. 22 60 19 20, Mo–Mi 10.30–23, Do–Sa 10.30–24, So 12.30–23 Uhr*
St. Hanshaugens gute Stube wurde kürzlich renoviert. Tresen und Schiffscharakter sind neu, aber die Sofas noch die alten.

KONZERTE, THEATER

Blå (**E** C4)
→ *Brenneriveien 9 C, Tel. 22 20 91 81, tägl. 21–3.30 (Garten Mai–Sept. 12–2) Uhr*
Jazz und Elektronika werden in der stillgelegten Textilfabrik an der Akerselva zu neuen Formen vereint. Blå steht auf Downbeats Liste der weltbesten Jazzclubs.

Parkteatret (**E** C4)
→ *Olaf Ryes plass 11, Tel. 22 38 12 62*
Theater, Rock, Tanz und Autorenabende täglich auf Løkkas neuer Bühne mit 250 Plätzen und Bar im 30er-Jahre-Stil.

Underwater (**E** A4)
→ *Dalsbergstien 4, Tel. 22 46 05 26, Mo 15.30–1, Di–Sa 15.30–3, Live-Oper Di und Do 21–0.30 Uhr*
Opernpub, in dem Sopranistinnen in Zivil die großen Wandvitrinen zum Zittern bringen.

Kulturslottet Soria Moria (**E** D1)
→ *Vogts g. 64, Tel. 22 15 25 70*
Kino, Café, das Torshovteatret und Konzerte in Torshov, direkt oberhalb von Grünerløkka.

EINKAUFEN

Markveien und Thorvald Meyers gate (**E** C3–4)
Die meisten Cafés und Geschäfte in Løkka liegen entlang dieser Achse.

Godt Brød 2 (**E** C4)
→ *Thorvald Meyers g. 49, Tel. 23 22 90 40, Mo–Sa 6–18 Uhr*
Herrliche hausgemachte Baguettes und guter Kaffee.

Bonaparte (**E** C4)
→ *Markv. 59, Tel. 23 22 90 40, Mo–Mi 11–17, Do–Fr 11–18, Sa 10–16 Uhr*
Alternative Straßenmode aus Paris und London, oft mit »gothic« Touch.

Med og uten (**E** C4)
→ *Korsg. 22, Tel. 22 04 66 00, Mo–Di 11–17, Mi–Fr 11–18, Sa 10–16 Uhr*
Designermode für sie und ihn. Eigene Marke Eru mit Kleidung aus kontrastierenden Stoffen.

D'lirium (**F** A2)
→ *Leirfallsg. 6, Tel. 22 04 07 47, Mo–Mi 11–17, Do–Fr 11–18, Sa 10–16 Uhr*
Oslos verrückteste Schuhe, Freizeitkleidung im Straßenstil.

Boa (**E** C4)
→ *Thorvald Meyers g. 50, Tel. 22 38 04 91*
Damenmode von norwegischen Designern.

Rebella (**E** C4)
→ *Thorvald Meyers g. 52, Tel. 22 37 94 22*
Designermode im Rebellastil.

Spøk og Spenning (**E** C4)
→ *Thorvald Meyers g. 43, Tel. 22 38 20 05*
Secondhand-Vinyl, CDs, Bücher und Zeitschriften.

Mitt Skattkammer (**E** D4)
→ *Trondheimsv. 10, Tel. 22 71 55 66, Mi–Fr 11–17.30, Sa 11–14.30 Uhr*
Secondhand-Kleidung und neues Design, Samtkleider, Schmuck, Hüte und Theaterkostüme.

GAMLE AKER KIRKE

ST. HANSHAUGEN

KKA

TEKNISK MUSEUM

ÅMOT BRU ÜBER DEN AKERSELVA

rten Gottesdienste, die
rt vor ein paar Jahren
ttfanden, hinterließen
en starken Eindruck bei
n Protestanten.

St. Hanshaugen (**E** A3)
Am Ullevålsveien
19. Jh. entzündete man
sige Johannisfeuer auf
sem Hügel, der früher
tweise Opferplatz, Pfer-
friedhof und Trinkwas-
reservoir war. Eine Zeit
g wurde dort die feuer-
ährliche Drucker-
wärze gekocht. Bis 1917
ren die Hauptattraktion
e Menagerie mit Bären-
ig, Affen und Pfauen.
r Park wurde 1865 ange-
t und lockt heute mit einem künstlichen Bach, einem Schwanenteich, Skulpturen und einem Pavillon mit Festplatz.

★ **Telthusbakken** (**E** B4)
→ *Bei Gamle Aker kirke*
Der unfruchtbare Telthusbakken gehörte niemandem und wurde im späten 18. Jh. von Armen besiedelt. Seit den 70er Jahren sind die kleinen Holzhäuser restauriert. Einige Anwohner haben einen Gemüsegarten.

★ **Birkelunden** (**E** C3)
→ *Øvre Grünerløkka*
Kaufen Sie im nächsten Laden ein paar Würstchen, einen Einweggrill und etwas zu trinken und suchen Sie einen Platz in dem Park mit den Birken. Grünerløkka, 1858 zu Christiania eingemeindet, wurde von dem Grossisten Thorvald Meyer und dem Architekten G.A. Bull quadratisch ausgebaut. Das Rechteck zwischen der Volksschule (1895) im Osten und der Freikirche Paulus (1892) im Westen war zum Wohl der Arbeiter geplant.

★ **Rodeløkka** (**E** D–E 3–4)
Benannt nach dem Probst Rode, der 1853 ein Häuschen aus der Telemark hierher versetzte. Rodeløkka entstand 1860–70, nur 10 Jahre vor seiner Eingemeindung. Seit 1988 sind die 137 Holzhäuser denkmalgeschützt.

★ **Norsk teknisk Museum**
(nördlich von **E** F1)
→ *Kjelsåsveien 143, Tel. 22 77 90 00, 20. Juni–20. Aug. tägl. 10–18 Uhr; 21. Aug.–19. Juni Di–Fr 10–16, Sa–So 10–17 Uhr*
Wenn man fast bis zum Maridalsvann gelaufen oder geradelt ist, kann man sich das Nationalmuseum für Technologie, Industrie und Naturwissenschaft anschauen. Die Technothek ist kinderfreundlich angelegt, und an Wochenenden gibt es Aktivitäten für die ganze Familie.

MUNCH-MUSEET

MOSKEEN I ÅKEBERGVEIEN

★ **Botanisk hage og museum** (**F** B2–3, C2–3)
→ *Sars g. 1, Tel. 22 85 18 35 (Tonband), April–Sept. Mo–Fr 7–20, Sa–So und feiertags 10–20 Uhr; Okt.–März Mo–Fr 7–17 (Mi bis 20), Sa–So 10–17 Uhr, Gewächshäuser: Di und Do–So 11–16, Mi 11–20 Uhr*
Schwer zu sagen, was in dieser Stadtoase am exotischsten ist: Der norwegische Berggarten mit über 1000 Pflanzen, Wasserfällen und Naturwegen, das Arboretum, die Nutzpflanzen-Abteilung, der Duftgarten oder die Pflanzen aus tropischen und gemäßigten Breiten im Victoriahaus und Palmenhaus. Garten und Museum gehören zur Universität Oslo.

★ **Geologisk museum** (**F** C2)
→ *Sars g. 1, Tel. 22 85 17 00 (Tonband), Di–So 11–16, Mi bis 20 Uhr, Mo geschl.*
Norwegens geologische Geschichte. Säle voller Fossilien, darunter ein Dinosaurierskelett, Edelsteine und anderes Gestein.

★ **Zoologisk museum** (**F** C2)
→ *Adresse und Öffnungszeiten wie Geologisches Museum*
Ein Saal für norwegische Fauna, einen für den Rest der Welt sowie Eisbären und andere arktische Tiere im besonders interessanten Svalbard-Saal (Spitzbergen-Saal).

★ **Munch-museet** (**F** C3)
→ *Tøyeng. 53, Tel. 23 24 14 00, Juni–15. Sept. tägl. 10–18 Uhr, sonst Di–Fr 10–16, Sa–So 10–18 Uhr*
Edvard Munch (1863–1944) ist einer der wenigen skandinavischen Maler, die entscheidenden Einfluss auf die Geschichte der Malerei hatten. Über die Hälfte seiner Bilder (die berühmtesten hängen in der Nationalgalerie), Porträts, alle Grafiken und alle bewahrten Druckplatten des Expressionisten sind in diesem modernen Museum von 1963 ausgestellt. Vortrags- und Konzertsaal, Restaurant.

★ **Moskeen i Åkebergveien** (**F** C4)
→ *Åkebergveien 28b, für Besucher geschl.*
Die First Central Jam E Mosque im Åkebergveien (1995) ist Oslos einziges M scheengebäude. Iranisch Mosaikkünstler übernahmen die Ausschmückung der nach Mekka gerichtete Gebetsnische. Seit den sp ten 60er Jahren sind viele Emigranten aus Ländern v Pakistan oder der Türkei nach Norwegen gekomme und heute gibt es in Oslo ne Vielfalt moslemischer Glaubensrichtungen.

ZOOLOGISK MUSEUM

GEOLOGISK MUSEUM

BOTANISK HAGE
OG MUSEUM

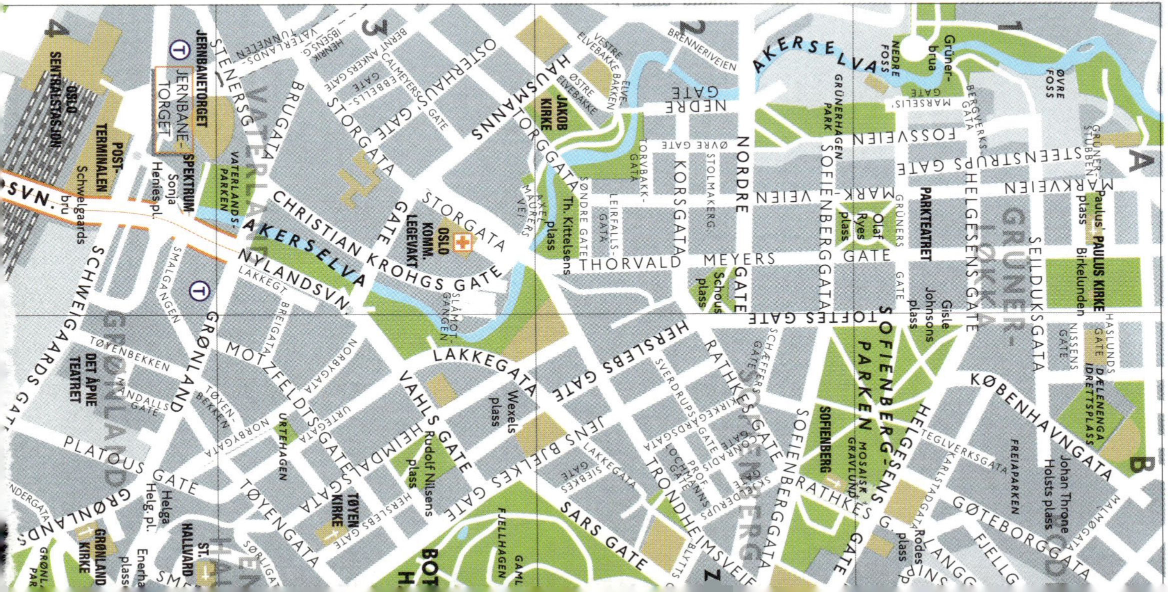
OSLO SENTRALSTASJON
POST-TERMINALEN
Schweigaards bru
SVN.
JERNBANETORGET
JERNBANE-TORGET
SPEKTRUM
Sonja Henies pl.
VATERLANDS-PARKEN
STENERSGATA
VATERLAND
BRUGATA
STORGATA
CHRISTIAN KROHGS GATE
AKERSELVA
NYLANDSVN.
LAKKEGT.
SMALGANGEN
GRØNLAND
SCHWEIGAARDS GATE
TØYENBEKKEN
DET ÅPNE TEATRET
PLATOUS GATE
Helga Helg. pl.
GRØNLAND KIRKE
ST. HALLVARD
Enerhaugen plass
MOTZFELDTS GATE
BREIGATA
NORBYGATA
URTEHAGEN
URTEGATA
TØYEN-BEKKEN
TØYENGATA
TØYEN KIRKE
HEIMDALSGATA
VAHLS GATE
Rudolf Nilsens plass
LAKKEGATA
Wexels plass
JENS BJELKES GATE
SARS GATE
FJELLHAGEN
HERSLEBS GATE
RATHKES GATE
TRONDHEIMSVEIEN
SOFIENBERGGATA
SOFIENBERG
SOFIENBERG-PARKEN
MOSAISK GRAVLUND
HELGESENS GATE
KØBENHAVNGATA
DÆLENENGA IDRETTSPLASS
FREIAPARKEN
Johan Throne Holsts plass
GØTEBORGGATA
Rodes plass
OSLO KOMM. LEGEVAKT
SLÅMOT-GANGEN
OSTERHAUS' GATE
HAUSMANNS GATE
JAKOB KIRKE
Th. Kittelsens plass
TORGGATA
MAURERS VEI
SØNDRE GATE
LEIRFALLS-GATA
THORVALD MEYERS GATE
KORSGATA
STOLMAKERG.
NORDRE GATE
Schous plass
NEDRE GATE
BRENNERIVEIEN
AKERSELVA
GRÜNERHAGEN PARK
FOSSVEIEN
MARKVEIEN
Olaf Ryes plass
PARKTEATRET
Gisle Johnsons plass
TOFTES GATE
GRÜNER-LØKKA
SEILDUKSGATA
PAULUS KIRKE
Paulus' plass
Birkelunden
STEENSTRUPS GATE
NEDRE FOSS
Grüner-brua
ØVRE FOSS
MARSELIS' GATE
1
2
3
4
A
B

F Grønland / Tøyen / Gamlebyen

Das alte Oslo ist ein Stadtteil mit starken Kontrasten: Mittelalterliche Ruinen und kleine Grünflächen verstecken sich zwischen modernen Hochhäusern und vergammelten Mietshäusern, während rechts und links Straßenbahnen, Züge und Lastwagen vorbeidonnern. Oslos Wiege und ältester Stadtteil wird heute von einer jungen und multikulturellen Bevölkerung geprägt. In Grønland gibt es inzwischen viele Bars und Cafés, billige Restaurants und Geschäfte, die das Flair wärmerer Länder verbreiten. Wollen Sie Eisbären sehen, müssen Sie schon nach Tøyen ins Zoologische Museum. Seit den 90er Jahren ist viel saniert worden, und rund um die neue Oper in Bjørvika, die 2008 fertig werden soll, entsteht ein völlig neuer Stadtteil.

BANGKOK THAI

LYST

RESTAURANTS

Punjab Tandoori (**F** B4)
→ *Grønland 24, Tel. 22 17 20 86, tägl. 11–23 Uhr*
Rechnen Sie damit, sich um einen der 30 Stühle schlagen zu müssen, bevor Sie an einem Plastiktisch Kiranjots hausgemachtes indisches Tandoori-Hähnchen, den Hit des Lokals, genießen. Tandoori-Gerichte mit Reis und Nan 55 NOK.

Bangkok Thai (**F** B4)
→ *Grønlandsleiret 27, Tel. 22 17 70 03, Di–So 15–22.30 Uhr*
Woanders gibt es billigeres Thai-Essen, aber kaum besseres – knackiger Salat, höllisch scharfe Tom-Yam–Suppe und Hähnchen, Schwein oder Rind in Chilisauce mit Singha-Bier. À la carte 151 NOK.

Kampen bistro (**F** D3)
→ *Bøgata 21, Tel. 22 19 77 08, Mo–Fr 15–0.30, Sa–So 12–0.30 Uhr*
Gute nachbarschaftliche Stimmung in einer typischen Kneipe. Spartanisch eingerichtet mit Kieferntischen und 50er-Jahre-Wandleuchten. Den Kellner ausfindig zu machen lohnt die Mühe, die verfeinerte norwegische Kost, z.B. gegrillter Dorsch mit Fenchel, ist weit über Tøyen hinaus bekannt. À la carte 155 NOK.

Lyst (**F** C3)
→ *Sørlig. 40, Tel. 22 19 41 01, Mo–Fr 11–1, Sa–So 12–1 Uhr*
Enerhaugens einziges ambitioniertes Restaurant befindet sich in einem früheren Massagesalon. Obwohl das Essen köstlich ist, haben sich die Kritiker bisher mit Lobeshymnen zurückgehalten. Die Speisekarte ist keck genug: Gebratene Forelle, Meeresfrüchteragout, ungarisches Kaninchen und mehr. Das spartanische Lokal ist Stammkneipe der intellektuellen Elite des Viertels. À la carte 160 NOK.

Oslo spiseforretning (**F** B5)
→ *Oslog. 15, Tel. 22 62 62 10, Mo–Sa 17–0.30, So 15–22 Uhr, Garten schließt um 22 Uhr*
Die alte Gamlebyen Gjestgiveri ist zu einem gemütlichen Lokal im 20er-Jahre-Stil geworden, wo Produkte norwegischer Kleinproduzenten nach Großmutters Art kulinarisch zubereitet werden: Schinken mit Meerrettichsauce, Steinbutt mit Muschelsauce und Erdbeereis auf Nussboden. À la carte ab 200, drei Gänge 395 NOK.

TEDDY'S SOFT BAR

DATTERA TIL HAGEN

LAKSHMI STOFFHUS

CAFÉS UND BARS

Evita Café und Espressobar (**F** A4)
→ *Smalgangen 1A, Tel. 22 17 48 89, Mo–Fr 7–20, Sa 7–19, So 7–19.30 Uhr*
Alt-Oslo bekam seine erste kleine Kaffeebar 1997. Kuchen, Bagels, Tee, Eistee, Snacks, Ciabatta und Pannini. Kaffeesorte des Tages 13 NOK.

Teddy's Soft Bar (**F** A3)
→ *Brugata 3A, Tel. 22 17 36 00, So–Do 11–1 (bei Bedarf länger), Fr–Sa 11–3 Uhr*
Teddy's führte Softeis in Oslo ein. Drei 50er- bis 60er-Jahre-Hits auf Vinyl für einen Zehner! Musiker und Medienleute wissen die stilgerechte Einrichtung zu schätzen. Schöner Hinterhof. Bier 48 NOK.

Café Con Bar (**F** A3)
→ *Brugata 11, Tel. 22 05 02 00, tägl. 11–3.30 Uhr*
Durchdesignte Bar im Retrostil mit klasse Cocktails, 70er-Funk und roter Gemeinschaftstoilette für Damen und Herren. »Wohlfühlwächter« regulieren an Wochenenden die lange Schlange davor. Drinks 79–87 NOK.

Asylet (**F** B4)
→ *Grønland 28, Tel. 22 17 09 39, Mo–Sa 11–0.30, So 12–23 Uhr*
Ostend-Traditionalisten mögen das Kaufmannshaus von 1740. Bürgerhaus mit politischen Veranstaltungen und Lokalkneipe mit norwegischem Essen wie Bergforelle, Smørbrød oder Frikadellen. Gemütlich im Winter am Kamin, im Sommer Garten mit Kirschbäumen. Bier 47 NOK.

Gloria Flames (**F** B4)
→ *Grønland 18, Tel. 22 17 16 00, tägl. 16–3 Uhr*
Nur ein kleines Schild und die Glastür verraten, wo sich die neue, hippe Rockbar befindet. Am Wochenende lange Schlangen von 20- bis 30-Jährigen. An der Einrichtung wurde zu Gunsten des Sounds gespart. Dienstags kostenlose Konzerte. Bier 44 NOK.

Olympen (**F** B4)
→ *T-Bahnstation Grønland, Tel. 22 17 28 08, So–Do 11–0.30, Fr–Sa 11–2.30 Uhr*
»Lompa« ist ein Stück unverfälschter norwegischer Stadtalltag. Am besten, wenn bulgarische Tanzkapellen aufspielen und das Bier billig ist (29–32, am Wochenende 37 NOK).

Dattera til Hagen (**F** A3)
→ *Grønland 10, Tel. 22 17 18 61, Café: So–Do 11–1, Fr–Sa 11–3 Uhr; Club: Mi–Sa 19–3 Uhr*
Manche mögen die »Mutter« (Fru Hagen in Grünerløkka) lieber, aber die »Tochter« hat auch viele Anhänger. Café im Erdgeschoss, Musikbar und Club oben, beide einfach eingerichtet mit abgenutzten Sofas und hübschen Lampen. Mi, Do und So DJs oder Konzerte. Bier 60 NOK.

Grønlandshagen (**F** B3)
→ *Grønlandsleiret 61, Tel. 22 17 86 01, tägl. 12–2.30 Uhr*
Vom Frühling an billiges Bier im Freien – direkt neben Oslos Kreisgefängnis. An Wochenenden spielen das Hausorchester Frank Znort und andere zukünftige Stars. Billard. Bier 42 NOK.

EINKAUFEN

Eufemia (**F** B5)
→ *St. Hallvards plass 1, Tel. 22 19 45 67, Mo–Fr 10–17, Sa 11–15 Uhr*
Designerkleidung (Merete Taule, Mette Møller, Kultaturve) aus natürlichen Materialien, Schmuck, Schuhe, Schachbretter, Wikingerschwerte und handgefertigte Trinkgefäße im Mittelalterstil.

Norsk bygdekunst Grønland Trevare (**F** B4)
→ *Grønlandsleiret 18, Tel. 22 17 23 58, Mo–Fr 10–14 Uhr*
Ein Hauch der früheren Marktatmosphäre von Grønland. Holzschnitzereien und rosenbemalte Dekorations- und Gebrauchsgegenstände vom Land.

Lakshmi Stoffhus (**F** B4)
→ *Grønlandsleiret 1, Tel. 22 17 38 75, Mo–Fr 10–18, Sa 10–16 Uhr*
Ein kleiner Laden voller Seide, Brokat, Velours und anderer Stoffe. Maßgeschneiderte Kleider und Saris. Preiswert.

Platekompaniet (**F** A4)
→ *T-Bahnstation Grønland, Tel. 22 17 37 55, Mo–Fr 10–22, Sa 10–20, So 13–19 Uhr*
Ältestes Geschäft dieser Billigkette mit guter Mainstream-Auswahl. Top-CDs.

Madina Sweets (**F** B3)
→ *Tøyeng. 27, Tel. 22 68 48 08, Mo–Sa 10–21, So 13–21 Uhr*
Hunger auf asiatisch? Essen Sie sich vom Grønlandsleiret die Tøyengata hinauf und passen Sie auf, dass noch Appetit übrig bleibt für Madina Sweets' Jalaba (Honig-Spritzkuchen) oder andere pakistanische Süßigkeiten. 100 NOK/kg.

MINNEPARKEN

DEN NYE BISPEGÅRDEN

OSLO LADEGÅRD

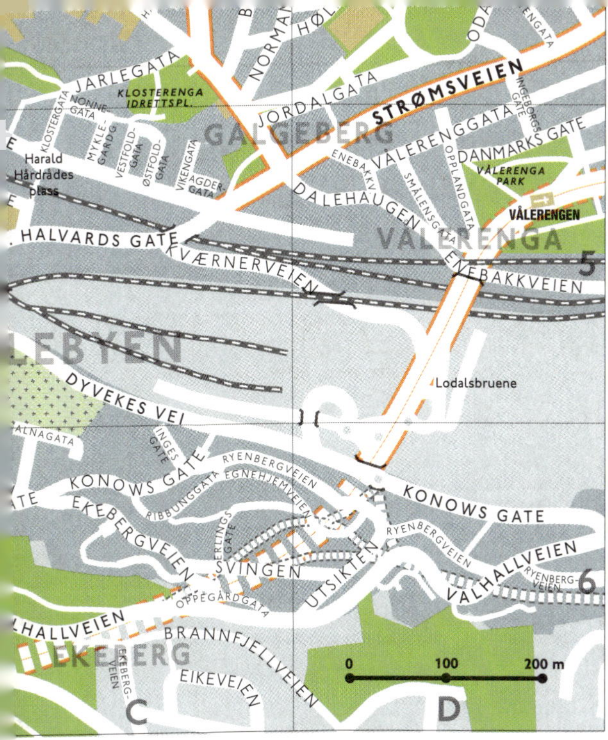

MIDDELALDERPARKEN

EKEBERGSLETTA, FJORDBLICK

Minneparken (**F** B5)
St. Hallvards plass, Ein-
ng. Oslogate / Bispegata,
22 19 44 68, immer offen
r »Erinnerungspark« war
Mittelalter Oslos geistli-
es Zentrum. An der Bis-
gata stehen die Reste
r St.-Hallvards-Kirche
. 1070), Oslos erster Ka-
edrale, die wahrschein-
n der alten Kirche in Aker
nelt. Außerdem Ruinen
r Kreuzkirche, des Olafs-
osters mit Olafskirche
d eines Dominikaner-
sters aus dem 13. Jh.

Den nye bispegården
35)
St. Hallvards plass 3,
Besucher geschl.
1884 im neogotischen Stil nach Skizzen von Henrik Thrap Meyer erbaut. Amtswohnung des Osloer Bischofs bis 1985.

★ **Oslo Ladegård** (**F** B5)
→ *Oslog. 13 (St. Hallvards pl.), Middelalderkontor (Mittelalterbüro), Tel. 22 19 44 68. Führungen Mai–Mitte Sept. Mittelalter-Führungen So 14, Mi 18 Uhr; Ladegård-Führungen So 16 Uhr.*
1720 über die Winterhalle der Bischofsburg aus dem 13. Jh. gebaut. Der Ladegården bietet Säle aus dem 18. und 19. Jh. mit Möbeln und Gemälden, Modelle des mittelalterlichen Stadtlebens und eine Multimediashow über Grabbräuche.

★ **Middelalderparken** (**F** B5)
→ *Sørenga, Eingang an der Kreuzung Oslog.–Saxegaards g., immer offen*
Die Archäologen sind seit 1860, als die Norwegische Staatsbahn das Gebiet übernahm, in Sørenga aktiv. Man kann die Ruinen der Clemenskirche (12. Jh.), des Königshofes Håkon Håkonssons (13. Jh.) und der zweiten Marienkirche, einer Steinkirche aus dem Jahr 1100, die 1523 abbrannte, sehen. (Die erste Marienkirche war ganz aus Holz.)

★ **Ekebergsletta und Jernalderstien** (**F** B6)
Jedes Jahr versammelt das größte Fußballturnier der Welt, der Norway Cup, Kinder aus aller Welt in Oslos größtem Park, der seit 1947 für Sport und Erholung genutzt wird. Haustierpark, Reithalle, Gartencafé und Minigolf machen das Gelände ideal für Sonntagsausflüge mit Kindern. Im Park gibt es 65 Grabhügel und 4000–5000 Jahre alte Felszeichnungen *(helleristninger)* aus der Eisenzeit. Ein »Eisenzeit-Pfad« *(jernaldersti)* beginnt am Karlborgveien.

Verkehrsmittel und Hotels in Oslo

T-bane
Metro / *U-Bahn*

Trikk
Tramway / *Straßenbahn*

Buss
Main city bus / *Stadtbus*

12
Full driftstid
Full time operated line
Stammlinie

18
Begrenset driftstid
Week day or season line
Einsatzlinie

Overgangsmulighet
Interchange stop
Umsteigemöglichkeit

Stoppesteder i én retning
One direction stops
Haltestellen nur in einer Richtung

Jernbane
Railway lines
Eisenbahn

177 Trafikanten
Flere spørsmål?
More questions?
Weitere Fragen?

AS Oslo Sporveier

Der erste Buchstabe hinter den alphabetisch geordneten Straßennamen verweist auf die entsprechenden Klappseiten **(A–F)**, gefolgt von den Koordinaten auf der jeweiligen Stadtteilkarte. Abkürzungen: g. = gate (Straße), v. = vei (Weg), pl. = plass (Platz).

Straßen

7. Juniplassen B C4
A. Sethnes g. E D2
Admiral Børresens v. C B6
A. Grøndahls g. E D1–E1
Agderg. F C5
Akersbakken E A4–B4
Akersg. A B4–C2
Akershusstranda A A4, B D5
Akersv. A C1, E B4
Alexander Kiellands pl. E B3
Alnag. F C6
Amaldus Nielsens pl. C D2
Amtm. Furus pl. C D3
Anton Schjøths g. D F3, E A2
Apotekerg. A B2–C3
Arbeiderg. A B3
Arbeidersamfunnets pl. A D2
Arbins g. B B4
Arbos g. C D1
Arendalsg. E C1
Armauer Hansens g. E A2
Arne Garborgs pl. A C2
Arno Bergs pl. C D2
Arups g. F B5–C5
Askerg. E D2
Axel Maurers v. F A2–A3
Badstu g. A D2
Balchens g. C C3
Balders g. C D3
Bankplassen A B4–B5
Beddingen B B5–B6
Behrens g. B A3, C D3
Benneches g. D F4
Bentsebrug. E C1–D2
Bentseg. E C1
Bergsliens g. D E4
Bergstien E A3–A4
Bergverksg. E C3–C4, F A1
Bernhard Getz' g. A B2
Bernt Ankers g. A D2, F A3
Bervensløkke B A4
Bidenkaps g. A B1
Biermanns g. E C2–D2
Biskop Grimelunds v. D A1
Biskop Gunnerus' g. A C3
Bislettg. B D1, D F4
Bispeg. F B5
Bjerregaards g. E A4–B3
Bjørn Farmanns g. C C4
Bjørn Stallares v. E F2
Bjørnstj. Bjørnsons pl. D D2
Blindernv. D D2–E2
Blytts g. E D4, F B2
Bodøg. E E3–E4, F C1
Bogstadv. C D1, D D3–E4
Bolteløkka allé D F3–F4
Borgg. F C3–C4
Bragev. D F3
Brandts g. E A3–B3
Brannfjellv. F C6–D6
Breig. F A3–B3
Brenneriv. A D1, E B4, F A2
Brinken F C3–C4
Briskebyv. B A2, C D2
Brug. A D3, F A3
Bryggetorget B B5
Bygdøy allé C A3–D3
Bygdøyv. C A3
Bøg. F D3–D4
C.A. Pihls g. C C3
C.J. Hambros pl. A B2
Calmeyers g. A D2, F A3
Camilla Colletts v. B A2–B2
Carl Berners pl. E E3, F C1
Carl Jeppesens g. E E1
Casparis g. E B3
Cato Guldbergs v. C D3
Chr. Benneches v. C B5–B6
Chr. Frederiks pl. A D4
Chr. Krohgs g. F A3
Chr. Michelsens g. E D2–E3
Christies g. E D3
Claus Riis' g. E B2–C2
Colbjørnsens g. B A3–B3, C D3
Colletts g. D F4, E A3–B2
Conradis g. E D4, F B2
Cort Adelers g. B A4–B4
Dalehaugen F D5
Dalsbergstien B C1–D1
Damstredet A C1
Danmarks g. F D5
Dannevigsv. E B1–C1
Darres g. E B3–C3
Deichmans g. A D1
Diriks g. E B2
Dokkv. B C5
Dops g. A C1
Dovreg. B D1, E A4
Drammensv. B A4–C4, C A2
Dronning Astrids g. D D4–E4
Dronning Mauds g. B C4
Dronningens g. A C4
Drøbakg. E B1–C1
Dunkers g. D D4
Dynekilg. E E2
Dyvekes v. F C5
Dælenengg. E E3, F C1
Daas g. B A1, C D2
E. Kolstads g. A C3
E. Nissens g. E E1
E. Skjalgssons g. C C2–C3
Ebbells g. A D2, F A3
Eckersbergs g. C C2–D2
Edvard Griegs allé E E1
Edvard Storms g. A A1, B D2
Egedes g. F B5
Egertorget A B3–C3
Eidsvolls pl. A A3–B3, B D4
Eikev. F C6
Eilert B A2
Eilert Sundts g. B A1–A2
Eilert Sundts g. C D2, D D4
Einar Gerhardsens pl. A C2
Einar Tambarskjelves pl. E D2
Eiriks g. F C4
Ekebergv. F B6–C6
Elisenbergv. C C3
Elsters g. C D1, D C4
Elvebakken A D1, F A2
Elverumg. F D4
Enebakkv. F D5
Enerhaugplassen F B4
Enga B C4–C5
Ensjøv. F D3
Erlings g. F C6
Eugène Hanssens g. E A2
Eugenies g. D F4
Europarådets pl. A C3–D4
Evald Ryghs g. E B2–B3
Evens g. F D4
Fagerborgg. D E3–E4
Fagerheimg. E D3–E2
Falbes g. B D1–D2
Falsens g. E D3
Fastings g. D E3
Fayes g. E A2
Fearnleys g. C D1–D2, D D4
Feddersens g. E D2
Filipstadv. C D5
Finnmarkg. E E3–E4
Fjellg. E D3, F B1
Fjordalleen B B5–B6
Folketeaterpassasjen A D3
Fossv. E C4, F A1–A2
Fougstads g. E B3
Framnesv. C D4
Fred. Olsens g. A C4–D4
Fredensborgv. A C2–D1
Frederik Stangs g. C C3–C4
Frederiks g. A A2, B D3
Fredrik Haslunds g. E C3, F B1
Fredrikke Qvams g. E B4
Fridtjof Nansens pl. A A3, B D4
Frimanns g. A B1, E A4
Fritzners g. C C3
Frognerv. B A3, C C2–D3
Frydenbergbakken E F3
Frydenlundg. B D1, D F4,
Frydens g. F C1
Frøyas g. C B3
Fuglehaugg. C D1–D2, D C4
G. Jensens g. E B1–C2
Gabels g. C C4–D4
Gange-Rolvs g. C B3–C3
Gardev. D D3
Geitmyrsv. E A2–A3
Gen. Birchs g. D F3, E A2
Gimlev. C C2–C3
Gjørstads g. D D4
Gjøvikg. E C1
Glacisg. A B5
Glückstads g. B D1
Grensen A C3
Grensev. E F3, F D1
Grev Wedels pl. A B5
Griffenfeldts g. E B2–C2
Grimstadg. E C1
Grubbeg. A C3
Grueg. F C3–C4
Grundingen B C5
Grüners g. E C4, F A1
Grünerstubben E C3, F A1
Grønlandsleiret F B4
Grønneg. B C1–C2
Gunhilds g. F C4

OSLO S

OSLO-BUS

TRAFIKANTEN

ÖFFENTLICHE VERKEHRSMITTEL

Oslo Sporveier betreibt vier T-Bahnen, acht Straßenbahn- und 50 Buslinien

Information

→ *Trafikanten, Jernbanetorget 1, Tel. 177 (Mo–Fr 7–23, Sa–So 8–23 Uhr)*

Tarife

→ *Einzelkarte 22 NOK*
→ *Flexikort (8 Einzelfahrten) 135 NOK*
→ *Tageskarte 50 NOK*
→ *Wochenkarte 160 NOK*

U-Bahn (T-bane)

T steht für Tunnel. Alle Linien von der Station Stortinget. Gute Verbindung in die äußeren Stadtteile.

Straßenbahn (Trikk)

Gut um die Innenstadt zu erkunden!

Bus

Überall, wo keine T-Bahn oder Straßenbahn hinfährt, z.B. Bygdøy.

Fähren (Båtruter)

Von Vippetangen (**A** B6) fährt die 94 nach Hovedøya und Langøyene. Von Rådhusbrygge 3 kann man von April bis September mit der 91 nach Bygdøy übersetzen. Normale Fahrkarte und Oslokortet gelten.

Nachtbus und -straßenbahn

Am Wochenende von ca. 1 bis 4 Uhr vom Zentrum aus. Doppelter Fahrpreis.

Aus der Stadt heraus

Stor-Oslo Lokaltrafikk (SL) betreibt Busse von und nach Akershus.

Information

→ *Bussterminalen Galleri Oslo, Grønland, Tel. 23 00 23 00 (SL)*

und der Holmenkollschanze macht es zum idealen Wohnort für Wintersportler. 1795 NOK.

Hotel Opera (**A** D5)
→ *Christian Frederiks pl. 5, Tel. 24 10 30 00*
Als dieses Rainbow-Hotel fertig war, glaubten viele, dass man in Bjørvika höchstens die Arien von Gästen unter der Dusche hören würde. Fjordblick, kleine, saubere Zimmer mit gutem Standard. 1820 NOK.

Bristol Hotel (**A** B2)
→ *Kristian IVs g. 7, Tel. 22 82 60 00*
Bristol wurde 1920 direkt neben der Nationalgalerie eröffnet, und mit 120 von insgesamt 252 hellen Zimmern mit Stilmöbeln ist vieles davon neben dem neuen Flügel (2000) intakt geblieben. Restaurant, Diskothek und Bibliotheksbar mit Flügel. 1960 NOK.

LUXUSHOTELS

Hotel Continental (**A** A3 / **B** D4)
→ *Stortingsg. 24–26, Tel. 22 82 40 00*
Als eines der weltbesten Hotels ausgezeichnet. Der Service ist legendär und das Frühstücksbuffet unglaublich. Abendessen gibt es im Gourmetrestaurant oder im Theatercafé. Fantastisch gelegen neben dem Nationaltheater, aber ziemlich einfache Zimmer. 1890 NOK.

Plaza Hotel (**F** A4)
→ *Sonja Henies pl. 3, Tel. 22 05 80 00*
Fünf-Sterne-Glasmonument aus dem Ende der Yuppie-Zeit. 650 Zimmer und 23 Suiten, smaragdgrüne Teppiche und cremefarbene Wände. Herrliches Frühstück. Fitnessraum, Kinderdienst, Oslos höchste Bar, mehrere Restaurants, Schwimmbad und vieles mehr. 1500–2000 NOK.

Grand Hotel (**A** B3)
→ *Karl Johans g. 31, Tel. 23 21 20 00*
1874 hielt man es für verrückt, außerhalb der Stadt ein Hotel zu bauen, aber die Stadt ist nachgerückt. Henrik Ibsen trank täglich um Punkt 12 Uhr einen Kaffee im Grand Café, das mit dem Gourmetkoch Julius Fritzner heute ein preiswertes und gutes Restaurant ist. 238 Zimmer und 51 zum Teil berühmte Suiten, z.B. die Nobel-Suite und die dreistöckige Turmsuite. Hier logieren Nobelpreisgewinner, Stars und Staatsoberhäupter, aber vielleicht auch Sie? Im Sommer und am Wochenende kann der Preis für ein Doppelzimmer bis auf 1250 NOK sinken!

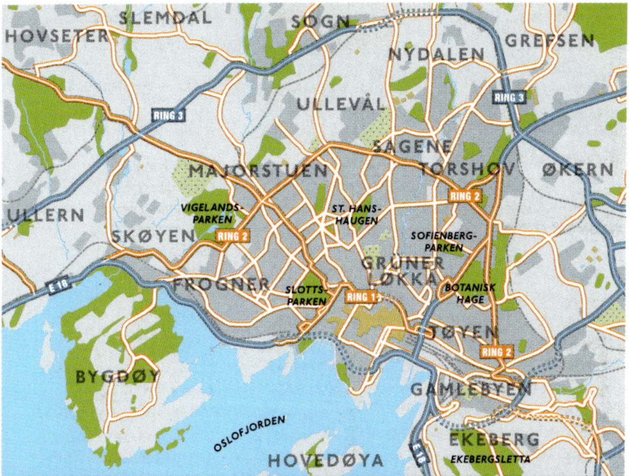

OSLOS WICHTIGSTE AUSFALLSTRASSEN

OsloKortet

Die Oslokarte berechtig zur unbegrenzten Nutzung aller öffentlichen Verkehrsmittel im Bereich Stor-Oslo, kostenlosem Zutritt zu allen großen Museen und Fre bädern, Ermäßigung au Theaterkarten, bei Schiffstouren, Ski-, Schlittschuh- und Autoverleih und zu kostenlosem Parken auf kommunalen Parkplätzen!

→ *1 Tag: Erwachsene 180, Kinder 60 NOK.*

→ *2 Tage: Erwachsene 290 Kinder 80 NOK.*

→ *Familienkarte: 1 Tag für zwei Erwachsene und zwei Kinder 400 NOK.*

preiswerte Möglichkeiten vor der Tür. 151 Zimmer. 1245 NOK.

Norrøna Hotell (**A** B3)
→ *Grensen 19,*
Tel. 23 31 80 00
Traditionsbewusster Bondeheimen-Konkurrent nahe der Karl Johans gata. Fernseher, Bad, Bügeleisen. Fernsehzimmer, Bibliothek. Das Norrøna Kafé ist modernisiert, serviert aber immer noch traditionelles Essen. 1290 NOK.

1300–1500 NOK

Cecil Hotel (**A** B3)
→ *Stortingsg. 8,*
Tel. 23 31 48 00
Frisch renovierte moderne Zimmer, viele Geschäftsleute. Abends gratis Kaffee, Tee und Obst im Frühstückssaal. 1370 NOK.

Hotel Ambassadeur (**B** B2)
→ *Camilla Colletts v. 15,*
Tel. 23 27 23 00
Vier Sterne und ein Hauch von Fin de Siècle. Hinter blassrosa Putz und schmiedeeisernen Balkonen im schönen Frogner finden Sie 33 Zimmer und 8 Suiten, einen Salon mit Antiquitäten, Porzellangeschirr, weiche Teppiche und ein Schwimmbad. 1375 NOK.

Scandinavia Hotel (**B** D2)
→ *Holbergs g. 30,*
Tel. 23 29 30 00
Das »SAS-Hotel« ist hauptsächlich für seine Aussichtsbar Summit 21 bekannt, hat aber auch 491 Zimmer in verschiedenen Stilen: Art déco, orientalisch, italienisch, kontinental, nordisch oder Business Class mit etwas Extra-Luxus. 1390 NOK.

Karl Johan Hotel (**A** B3)
→ *Karl Johans g. 33,*
Tel. 23 16 17 00
Schöne Fassade in Oslos Hauptstraße, seit der Renovierung 1995 mit hellem Interieur. Marmor und weiche Teppiche an der Rezeption, mittelgroße Zimmer mit Marmorbädern. 1450 NOK.

Victoria Hotel (**A** B3)
→ *Rosenkrantz' g. 13,*
Tel. 24 14 70 00
In einer von Oslos lebhaftesten Ausgehstraßen, ein Steinwurf vom Rathaus und Aker Brygge. Feine Lobby und Frühstückssaal mit hoher Decke. 1480 NOK.

Gabelshus Hotel (**C** D4)
→ *Gabels g. 16,*
Tel. 23 27 65 00
Charmantes kleines Hotel mit kostenlosem Nachtessen in gemütlichen Räumen. Zentral, Nähe Bygdøy allé. Frische Waffeln an der Rezeption! 1495 NOK.

Hotel Bastion (**A** C5)
→ *Skipperg. 7, Tel. 22 56 00 56*
Neben dem Astrup Fearnley-museet. Hinter der eckigen, modernen Fassade verbirgt sich ein behagliches, persönliches Hotel. Stilvoll eingerichtet, herrliches Frühstücksbuffet. 1500 NOK.

Über 1500 NOK

Frogner House Hotel
(**B** A3 / **C** D3)
→ *Skovveien 8,*
Tel. 22 56 00 56
Romantisches Hotel in einem alten Mietshaus im schönsten Teil von Frogner. Jedes der 60 Zimmer ist anders. 1515 NOK.

Hotel Savoy (**A** B2)
→ *Universitetsg. 11,*
Tel. 23 35 42 00
Hotel von 1916 neben der Nationalgalerie und dem Historischen Museum. Stilmöbel, besonders bekannt für die Bar, deren Drinks und aufmerksame Kellner Journalisten und Verlagsleute anziehen. 1595 NOK.

Holmenkollen Park Hotel
→ *Kongev. 26,*
Tel. 22 92 20 00
Prachtvolles Holzhotel von 1894 im nationalromantischen Stil mit Drachengiebeln und Türmchen. Die N he zu den Loipen, Pisten